서울의 백제유적

석촌동 고분군

자료집

총괄 이인숙
기획 조영훈, 김서경, 정치영
원고집필 조영훈, 김서경, 정치영
편집·교정 전미정
행정지원 이상진, 윤석존, 이영경, 정혜경

자료 제공 및 협조 국립중앙박물관
서울역사박물관
고려대학교 박물관
서울대학교 박물관
숭실대학교 박물관
세종대학교 박물관
국가기록원
서울대학교 규장각 한국학연구원
한얼문화유산연구원
서울특별시
서울특별시 건축기획과
경향신문
동아일보
중앙일보
김현철
이형구(선문대학교 석좌교수·동양고고학연구소 대표)
조태권
조하식
한종률
Soophoto_유수

도록 디자인 오퍼센트
인쇄 (사)장애인생산품판매지원협회

일러두기

1. 이 책은 석촌동고분군과 관련된 자료 집대성을 위한 학술총서입니다.
2. 이 책에 수록된 사진은 해당기관과 개인의 협조를 얻어 사용하였습니다.
3. 유물크기의 단위는 cm입니다.
4. 이 책에 실린 자료의 저작권은 한성백제박물관에 있으며, 무단 게재를 금합니다.

목차

발간에 즈음하여

2016년 서울시는 현대 대도시 서울의 오랜 역사를 바로 세우자는 기치 아래 '2천년 역사도시 서울' 선언문을 채택하고, 서울이 백제의 첫 번째 왕도라는 점을 널리 알리면서 '유네스코 세계유산 – 백제 역사지구'에 서울의 백제 유적들을 포함시키고자 노력하고 있습니다. 이제 백제왕도와 왕릉지구에 대한 체계적인 조사 필요성이 강조되고 학계와 박물관의 연구 활동에 적극적인 지원과 협력이 이루어지면서 거의 잃어버린 고대사 복원에 한걸음 가까이 다가서게 되었다는 점은 늦었지만 그나마 다행스러운 일이라 하겠습니다.

지금으로부터 2천여 년 전, 백제의 온조대왕은 한강 변에 첫 도읍을 정해 나라를 세웠고 이곳은 이후 5백여 년간 왕도로서 발전을 거듭하였습니다. 서울 지역 최초의 고대 국가, 백제(BC 18년-AD 660년)는 전체 678년 역사 중에서 493년 동안 이 지역에 머무르며 주변 세력들을 아우르고 강력한 왕권을 키워 나아갔습니다.

서울 송파구 풍납토성은 전기 백제의 왕성유적으로 확인되며 몽촌토성이며 인근에 있는 석촌동고분군이 도성과 짝을 이루어 조성되었던 왕족과 귀족들의 묘역인 왕릉지구였다고 추정되지만 백제 한성시대 즉위한 스물한 명이나 되는 왕들의 무덤이 과연 어디인지 정확하게 드러난 바는 아직 없었습니다. 특히 백제 제13대 근초고왕(346-374년 재위)은 한성백제시대 최고 전성기를 이끈 왕으로서 백제사에서 가장 명성을 드높인 왕이라 할 수 있습니다. 우리나라 고대사 속 백제가 왕국으로서 정치적, 문화적 위상을 확고히 하면서 상당한 수준의 성장과 영토 확장을 이루어냈던 근초고왕 시대 역사에 대한 재조명과 심도 있는 탐구가 온전한 백제 역사 복원에 있어서 절대적으로 중요하다 하겠습니다. 현재 석촌동 3호분으로 복원되어 있는 대형 적석총이 근초고왕릉일 가능성이 크다는 견해가 제기되고 있지만 백제 전성기 왕릉들의 존재에 대하여 재조명이 필요한 시점입니다.

지난 6월, 서울시와 서울시의회의 지원으로 한성백제박물관이 개최한 "근초고왕과 석촌동고분군" 국제학술대회는 백제 근초고왕 代의 국내외 정세 및 시대 상황에 대해 집중적으로 조명해 보는 의미 있는 자리였습니다. 백제 왕릉지구로 알려진 국가사적 제243호 석촌동고분군에 대한 기존 조사 성과를 되돌아보고 2015년 재개된 한성백제박물관의 석촌동고분 발굴 조사 내용도 포함하여 한성기 백제사 연구 현황 소개와 함께 종합적 논의가 이루어진 좋은 기회였다고 생각합니다.

우리 박물관에서는 지난번 국제학술대회에서 발표된 논문들과 종합 토론내용을 정리하여 한성백제박물관 학술총서 '근초고왕과 석촌동고분군'을 간행하였습니다. 아울러 지금까지 알려진 석촌동고분 관련 지도, 사진, 기사 등 관련 정보 자료들을 한데 모아 연구자들이 찾아보기 쉽고, 시민들과 학계에 소개하기 위해 석촌동을 중심으로 한 서울의 백제고분 관련 자료집을 발간하게 되었습니다. 일제강점기에 간행된 유리원판 사진자료들을 비롯하여 1900년대 초 일본 학자들의 조사 시 쓰였던 지도 및 유적 분포도 등을 포함하고 현재의 발굴조사 현장 사진까지, 입수 가능한 모든 자료들을 모아 수록하고자 하였습니다.

이번 자료집 발간은 많은 기관들의 지원과 도움으로 가능하였습니다. 국립중앙박물관이 소장하고 있는 비공개 유리원판 사진을 비롯하여 서울대학교 박물관의 1970~1980년 대 석촌동고분군 발굴조사 자료 및 숭실대학교 박물관, 고려대학교 박물관과 세종대학교 박물관들의 소장 자료들을 취합하였습니다. 또한 이선복 서울대학교 박물관장님과 이형구 선문대학교 석좌교수님의 개인 보관자료들도 제공받았습니다. 이 자리를 빌려 크게 도움을 주신 모든 분들께 감사의 마음을 전하고자 합니다. 그리고 오래 전의 자료들을 찾아내고 정리하느라 수고한 한성백제박물관 백제학연구소 학예직원들에게도 감사드립니다.

2016년 12월
한성백제박물관장
李 仁 淑

인사말

서울은 백제의 건국 이래 현재까지 우리 한민족 역사의 주요 무대가 되어온 유구한 전통의 도시입니다. 특히 송파는 백제의 도성과 왕릉이 자리 잡은 곳으로서 풍납토성과 몽촌토성, 그리고 석촌동고분군과 방이동고분군 등 주요 유적들이 남아 있는 생생한 역사의 현장입니다.

흔히 백제의 도성이라고 하면, 우리는 공주나 부여를 떠올리게 됩니다. 그러나 이 곳 서울, 특히 송파는 무려 500년에 이르는 장구한 시간 동안 백제의 첫 번째 도성이었고 백제 최고의 전성기를 이룬 근초고왕이 활약했던 장소입니다.

이번 자료집은 일제강점기부터 2016년 현재까지 발굴 조사된 석촌동고분군의 기록과 사진, 도면을 비롯한 관련 조사보고서를 집대성하여 한권으로 정리하였습니다. 이를 통해 시민들에게 석촌동고분군의 가치와 '백제 건국 도성, 송파'의 찬란한 역사를 알릴 수 있기를 기원합니다.

송파의 역사적 뿌리를 발굴하는 일은 단지 송파만이 아니라 서울의 미래가치를 담아내는 일입니다. 서울특별시의회는 2000년 역사도시 서울을 재조명하는 이 뜻깊은 일에 지원을 아끼지 않겠습니다.

이와 같은 고증 사업은 물론 현재 진행 중인 석촌호수~석촌고분간 관광 명소화 사업이 차질 없이 진행될 수 있도록 적극적으로 앞장설 것을 약속드립니다.

2016년 12월
서울특별시의회 의원
강감창

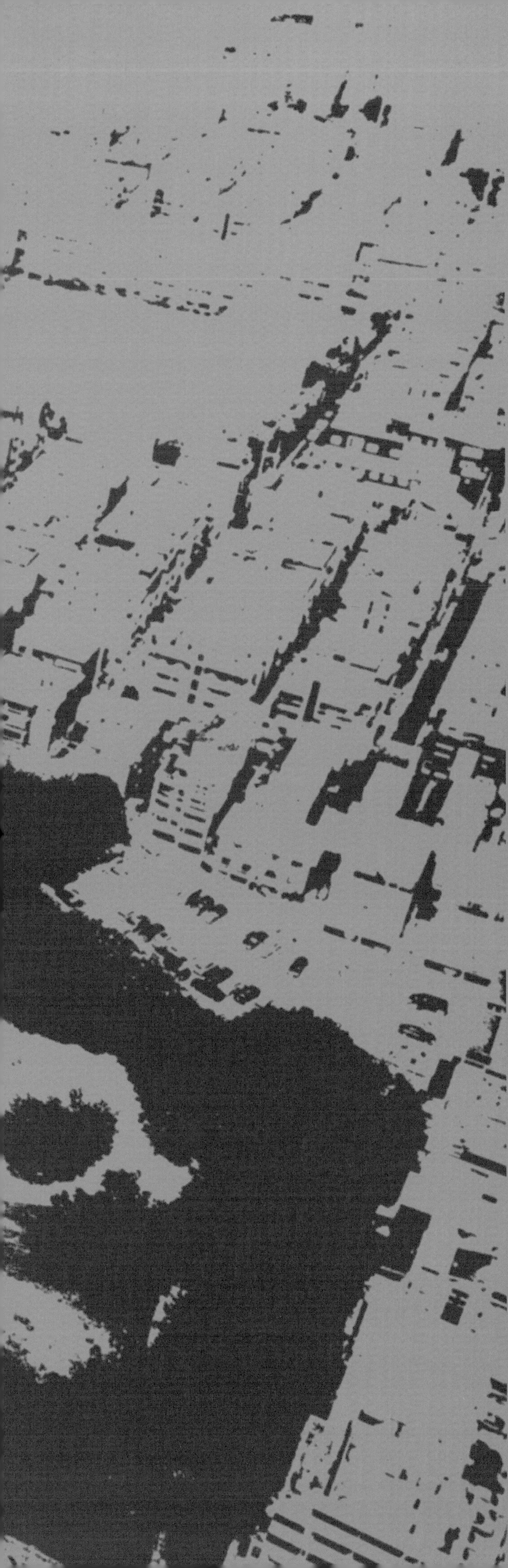

I

백제의 역사와 석촌동고분군

백제의 역사와 석촌동고분군

삼국 각축의 주무대, 한강 중류역에 나라를 세운 백제

백제의 시조 온조왕은 열 명의 신하와 더불어 졸본부여에서 남쪽으로 내려와 건국의 터전을 물색하던 중 한산(漢山) 부아악(負兒嶽)에 올라 지세를 살폈다.

'이 강 남쪽의 땅은 북쪽으로는 한수(漢水)를 띠처럼 띠고 있고, 동쪽으로는 높은 산을 의지하였으며, 남쪽으로는 기름진 벌판을 바라보고, 서쪽으로는 큰 바다에 막혀 있으니, 이렇게 하늘이 내려 준 험준함과 지세의 이점은 좀처럼 얻기 어려운 형세입니다. 이곳에 도읍을 세우는 것이 또한 좋지 않겠습니까?'
(『삼국사기』권23, 백제본기1 始祖 溫祚王)

『삼국사기』에 따르면, 백제는 온조왕이 기원전 18년 하남 위례성을 도읍으로 건국한 이래 사비도성에서 나당연합군에 패한 기원후 660년까지 한반도의 중서부 지역의 패자로 군림하였다.

백제사는 도읍을 기준으로 한성기(기원전 18년 ~기원후 475년), 웅진기(475년~538년), 사비기(538년~660년)로 구분된다. 고구려 장수왕의 남하로 명운을 다한 475년까지 한성은 백제의 도읍이었다.

한성은 건국 초기 도읍인 위례성을 중심으로 근초고왕이 도읍을 옮긴 한산 등을 포함한 도성의 명칭이다. 백제시기 한성은 지금의 서울 송파 및 강동 일원에 해당하는 지역이다. 한성이 위치한 한강유역은 한강을 따라 내려가면 서해로 나갈 수 있고, 상류로 거슬러 올라가면 남한강과 북한강을 따라 강원도와 충청북도 등 내륙지역까지 연결되는 지리적 이점이 있었다. 멀리 중국과 일본 열도 등 각국과의 교류도 가능하였다.

백제 도읍의 변천 : 기원전 18년 서울(한성) 〉 475년 공주(웅진)〉 538년 부여(사비)

백제의 역사와 석촌동고분군

백제의 도성 체제

백제의 도성은 왕이 기거하고 국가의 통치업무가 행해지는 왕성 및 도성과 그 외곽에 묘역이 배치된 구조를 기본으로 하고 있다. 웅진기 도성인 공주 공산성과 송산리고분군, 부여 사비도성과 능산리고분군은 이러한 관계를 잘 보여주고 있다.

한성기의 도성은 풍납토성과 몽촌토성이 각각 정궁과 별궁을 나눠 세우고 정치와 군사적 기능을 특화하여 상호 보완한 양성체제(兩城體制)로 이해되고 있다. 도성 안에는 궁궐과 관청, 왕족 및 귀족들의 집과 군사시설, 일반 민가들이 있고 도성 밖에는 일반 민가와 농경지, 각종 경제시설이 배치되었다. 두 토성의 사이는 불과 700m 정도이며, 풍납·몽촌토성으로부터 남쪽 3㎞ 범위 이내에 백제 왕실 및 지배층의 묘역으로 알려진 석촌동고분군과 가락동·방이동고분군이 위치한다.

한성의 풍경
(한성백제박물관)

백제 한성기 왕실의 묘역, 석촌동고분군

일제강점기 석촌동과 가락동, 방이동 등 송파 일대에는 무려 200기가 넘는 고분이 확인될 정도로 대규모 고분군이 있었다. 규모나 경관 면에서 고구려의 통구고분군이나 신라의 경주고분군에 필적할 만 하였으나 광복이후 관리가 소홀했고 1970년대 이후 강남개발로 인해 현재 석촌동에는 지상에 단 5기의 고분만이 남아 있다.

1980년대 보존정비를 위한 발굴조사 결과, 중국제 자기편과 금제 귀걸이, 은제 귀이개, 칠기편 등의 고급품이 출토되어 이 고분군이 지배층의 묘역이었음을 알 수 있다.

또한 목관묘, 즙석봉토분, 적석총 등 다양한 형태의 백제 한성기 고분이 확인되었다. 특히 한 변의 길이가 50m를 넘는 석촌동 3호분은 중국 길림성 집안의 태왕릉(한 변 62m), 천추묘(남변 60.5m)에는 미치지 못하지만, 장군총(한 변 32.3m)에 비하면 왕릉급의 대형 무덤이다. 석촌동 3호분은 적석부에서 출토된 4세기 후반 대 제작된 동진 청자를 근거로 근초고왕(375년 사망) 혹은 근구수왕(384년 사망)의 무덤으로 추정되고 있다.

백제 한성기 왕릉인 석촌동고분군이 평지에 조성된 적석총이라면, 웅진·부여기 왕릉은 모두 원형 봉토분으로 연도가 붙은 횡혈식 석실분이다. 무덤은 구릉 중턱의 경사면에 위치한다.

웅진기 무령왕릉을 포함한 대표적인 송산리고분군은 표고 약 120m 정도 되는 송산(宋山)을 북쪽의 주산(主山)으로 산 중턱 남쪽 경사면에 있다. 1~5호분은 횡혈식 석실분으로, 무덤 입구에서 시신이 안치되어 있는 현실에 이르는 연도가 현실 동쪽 벽에 붙어 있는 것이 특징이다. 이외에 전축분으로 송산리벽화고분이라고도 불리는 6호분과 백제 문화의 정수를 보여주는 무령왕릉이 있다.

사비기 대표적인 왕릉은 부여 능산리 산의 남쪽 경사면에 있는 능산리고분군이다. 무덤은 앞뒤 2줄로 3기씩 있고, 뒤쪽 제일 높은 곳에 1기가 더 있어 모두 7기이다. 고구려 고분처럼 현실의 네 벽과 천장에 각각 사신도와 연꽃무늬, 구름무늬의 벽화가 그려진 1호 무덤(동하총)이 특징적이다.
무덤들 서쪽에서는 절터가 발굴되어 백제금동대향로(국보 제287호)와 백제창왕명석조사리감(국보 제288호)이 출토되었다. 이로 인해서 능산리 무덤들이 왕릉인 것을 재확인시켜 주었다.

석촌동고분군
(조은장, 2015)

공주 송산리고분군
(문화재청)

부여 능산리고분군
(문화재청)

Ⅱ

석촌동의 어제와 오늘

1. 옛지도에 나타난 석촌동

돌이 나오지 않는 광주 평원에서 돌이 많이 나오는 이 지역을 '돌마리' 라고 불렸던 것이 석촌동(石村洞)이 되었다. 19세기 석촌동은 경기도 광주군 중대면(中垈面) 송파의 한 마을이었으며 조선시대 전국의 호수와 인구수를 기록한 『호구총수(戶口總數)』 에서도 그 내용이 확인된다. 1914년에 경기도 광주군 중대면 석촌리가 되었다.

광복후, 석촌동은 1963년 서울특별시 성동구에 편입되어 송파출장소 송파동이 되었으며, 1973년 영동출장소 소속이 되었다. 1975년 강남구가 신설되어 강남구 관할이 되었다가, 1979년 강동구가 신설되면서 강동구에 속하게 되었다. 다시 1988년 강동구에서 송파구가 신설되면서 송파구에 속하게 되었다.

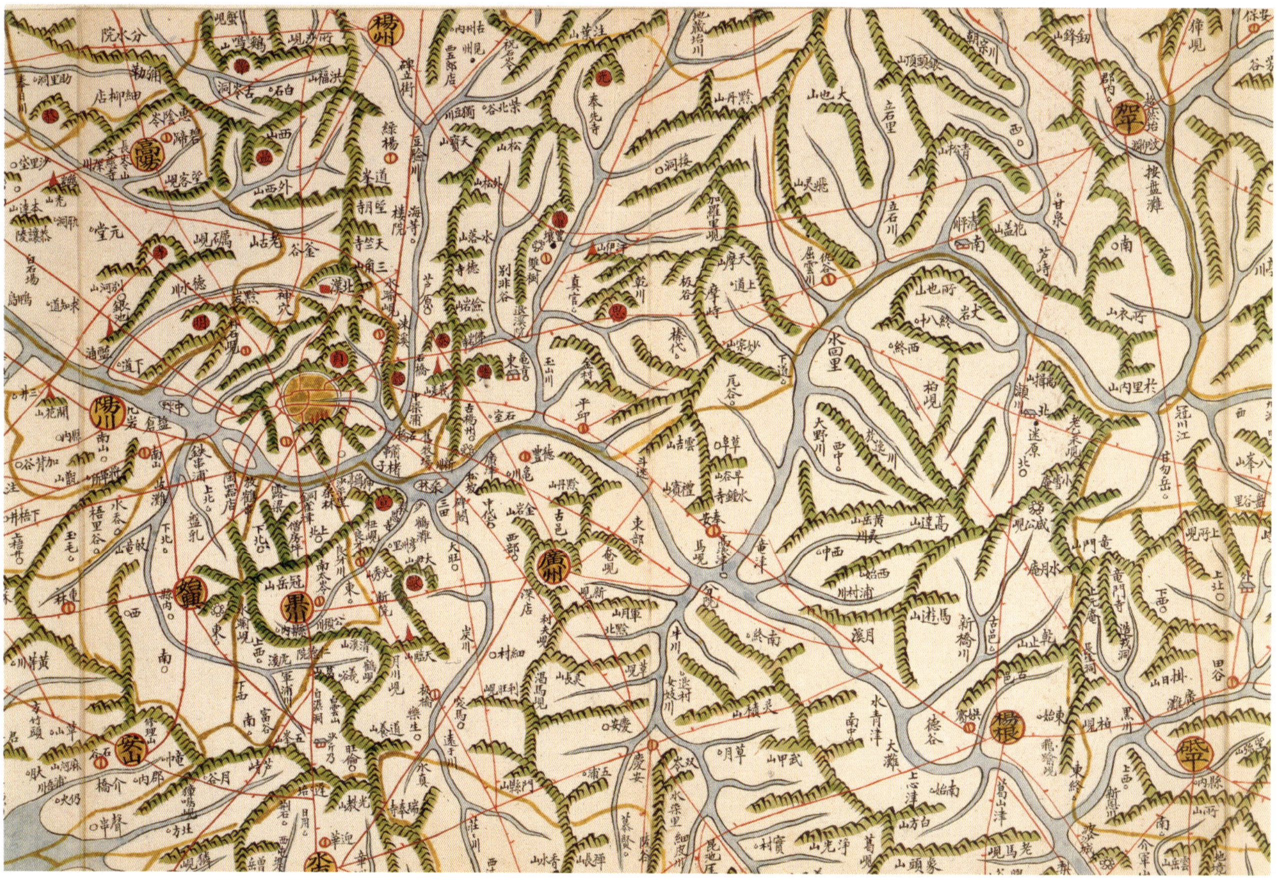

동여도(東輿圖) 광주부
(보물 제 1358-1호, 1856년~1861년 사이, 서울역사박물관)

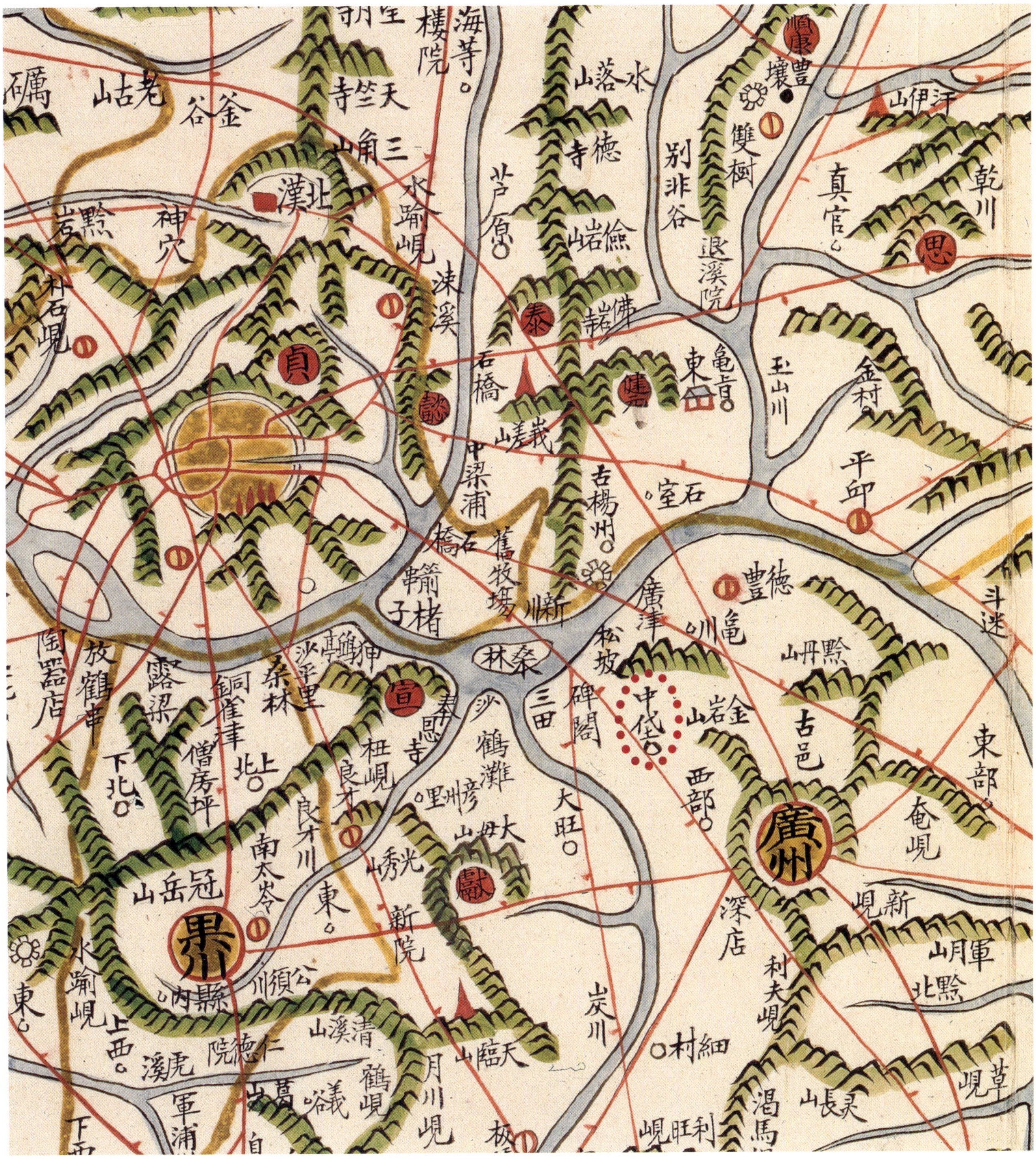

동여도(東輿圖) 광주부 중대면 부분

1. 옛지도에 나타난 석촌동

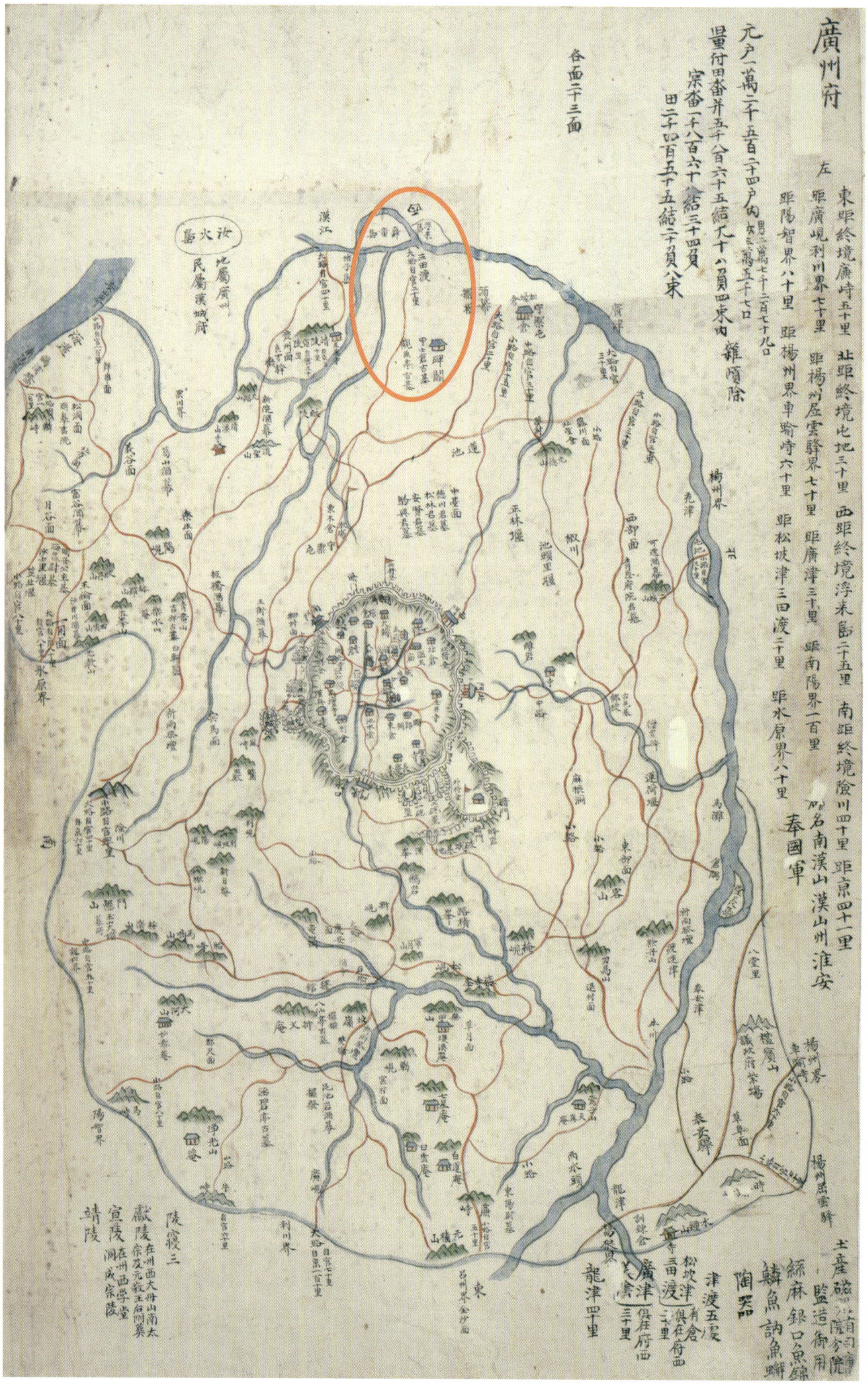

해동지도(海東地圖) 광주부
(서울대학교 규장각소장본, 1750년대 초)

지승(地乘) 광주부

(서울대학교 규장각소장본, 1776년 직후 추정)

지금은 종합운동장과 주거단지로 변모한 잠실에 하중도 상태인 부래도(浮來島)와 무동도(舞童島)가 뚜렷이 보인다. 1970년대 잠실지구 개발 계획에 따라 공유수면 매립공사로 인하여 부리도 남쪽의 본류가 사라지고, 북쪽의 지류가 본류가 되었다. 따라서 하중도(河中島)였던 잠실이 육속화되었다. 구하도(舊河道)의 흔적은 현재 석촌호수로 남아 있다.

1. 옛지도에 나타난 석촌동

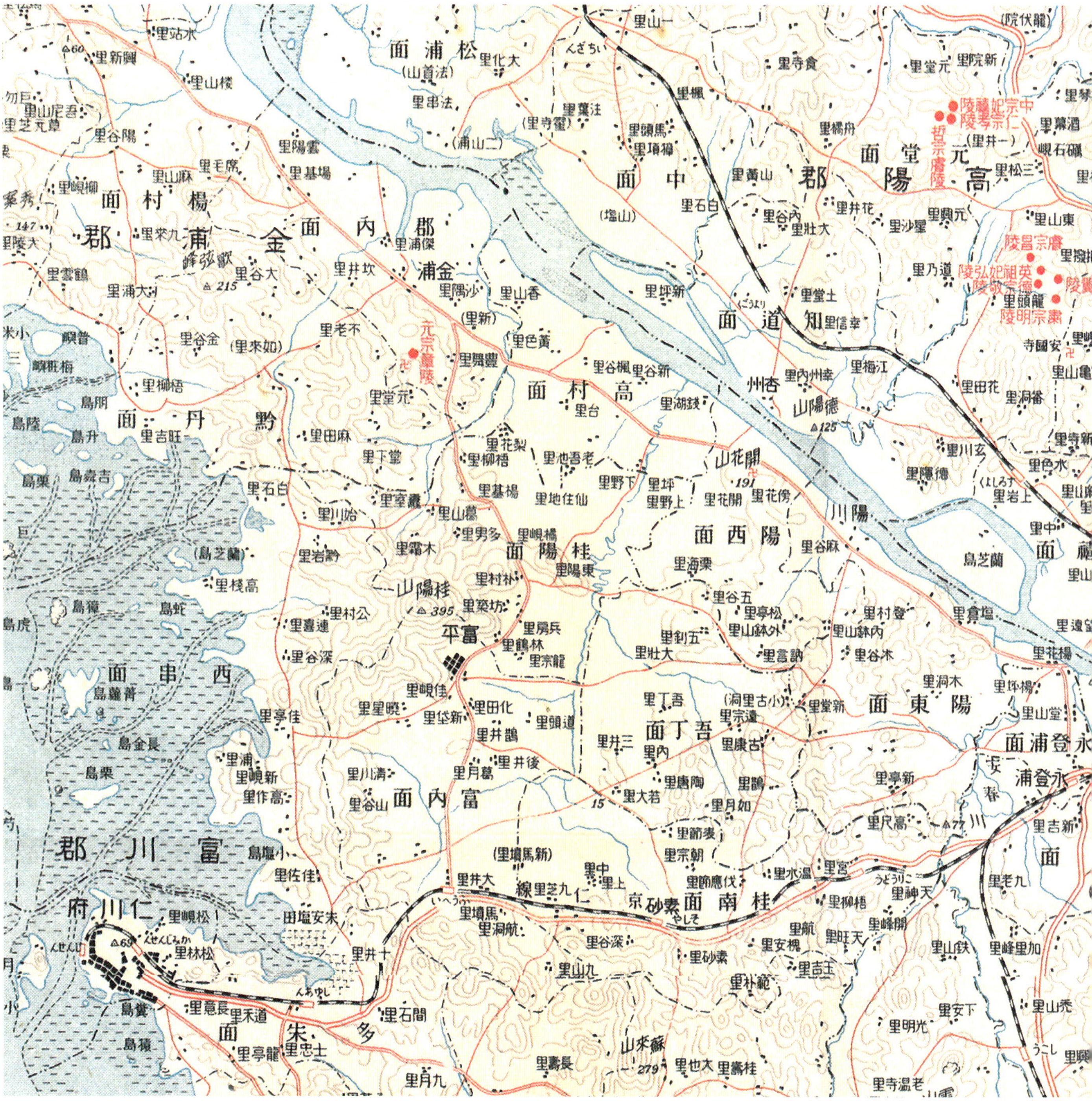

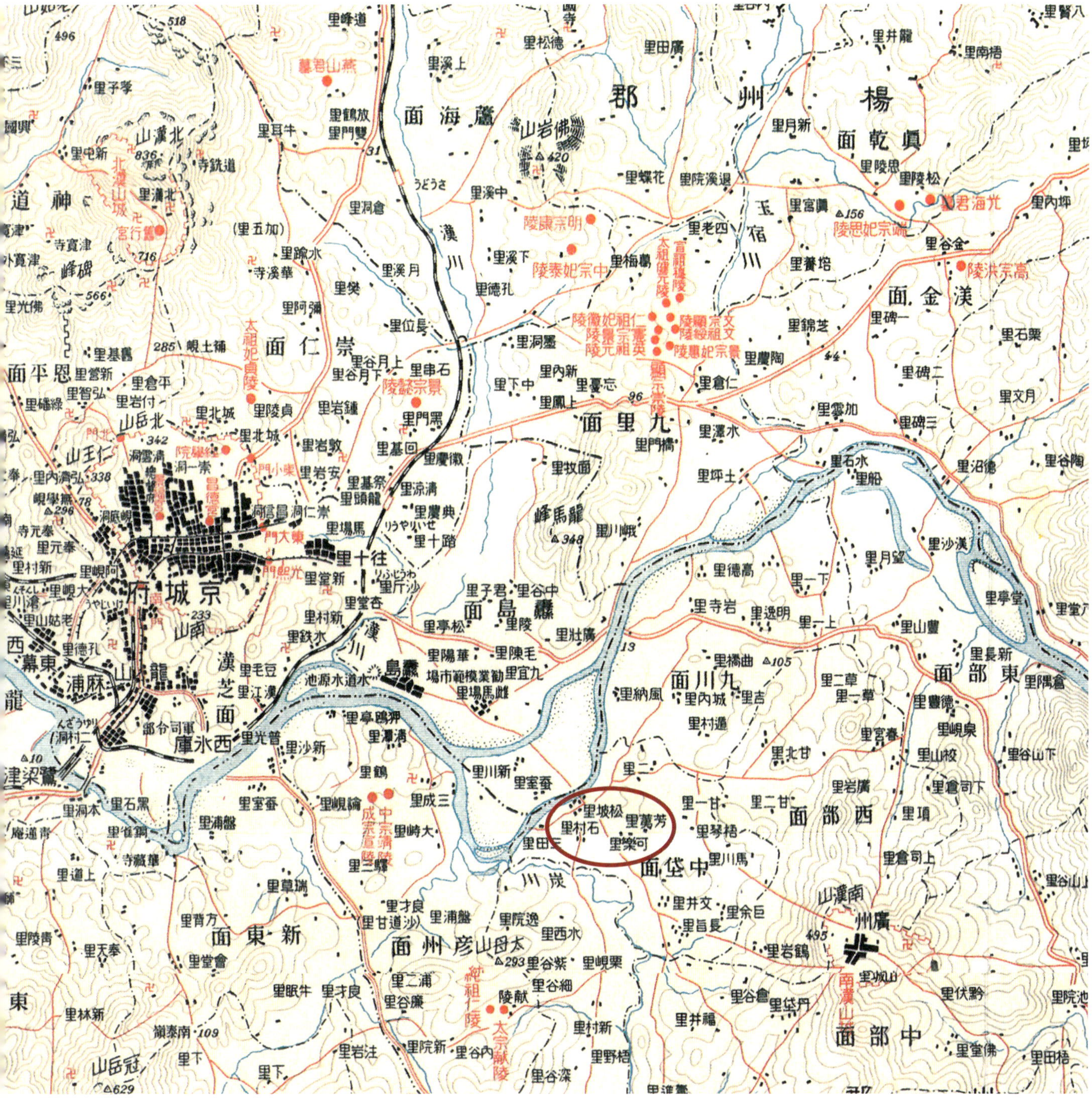

경성부근 유적도

(조선고적도보 제11편, 1931년)

일제가 실시한 고적조사 결과 조선시대 왕릉, 행궁, 사찰, 산성 등 유적이 표시된 경성부근 유적도이다. 석촌동고분군은 중대면 석촌리에 검은 점으로 표시되어 있다.

2. 하늘에서 본 석촌동고분군

서울특별시 건축기획과, 1972년

4

2. 하늘에서 본 석촌동고분군

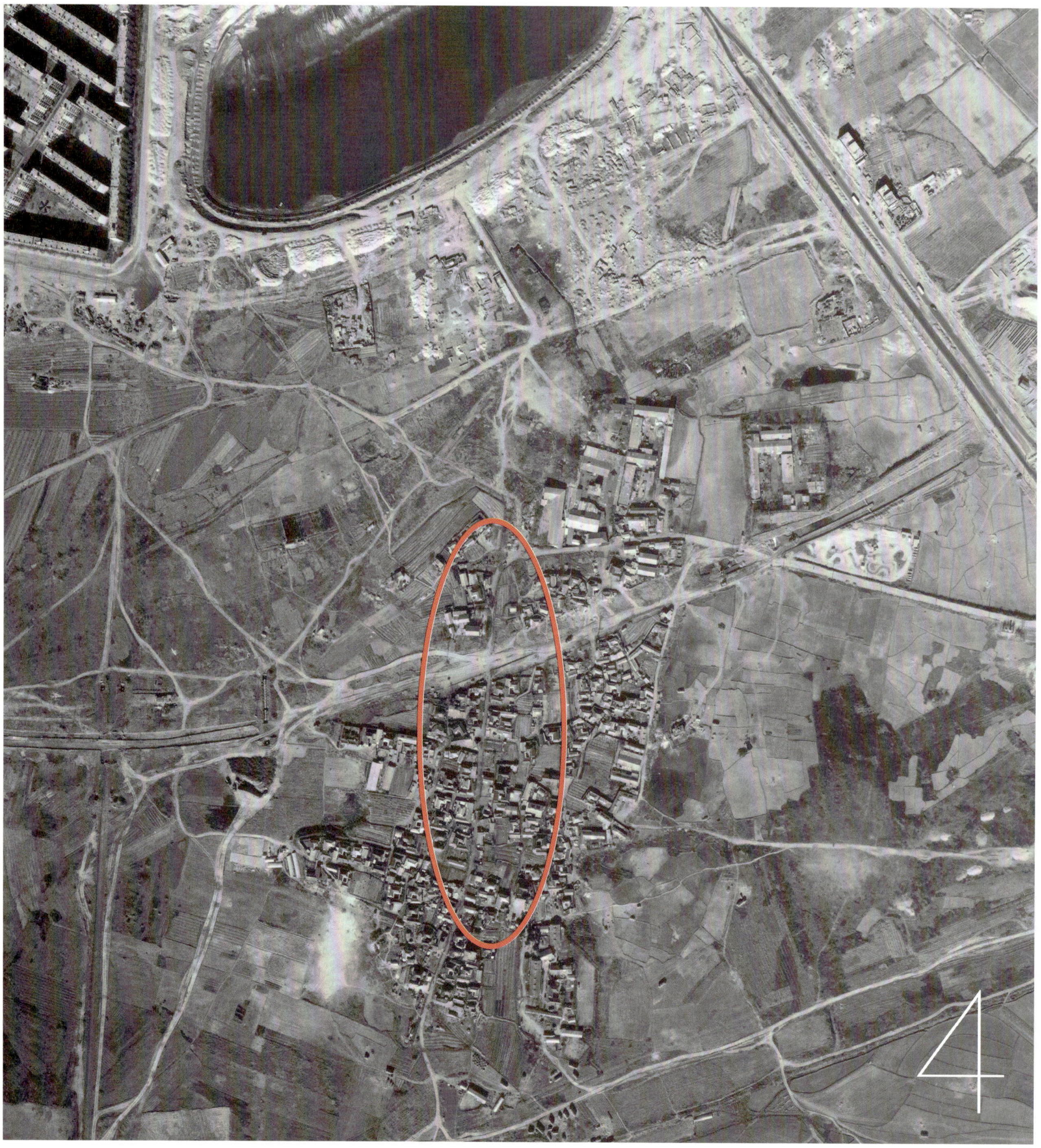

서울특별시 건축기획과, 1979년

1975년부터 본격적으로 이루어진 잠실지구개발로
예전에 하중도였던 잠실도 주위가 매립되어 석촌동의 북쪽으로
13만평 규모의 종합경기장 부지와 택지가 조성되었다.

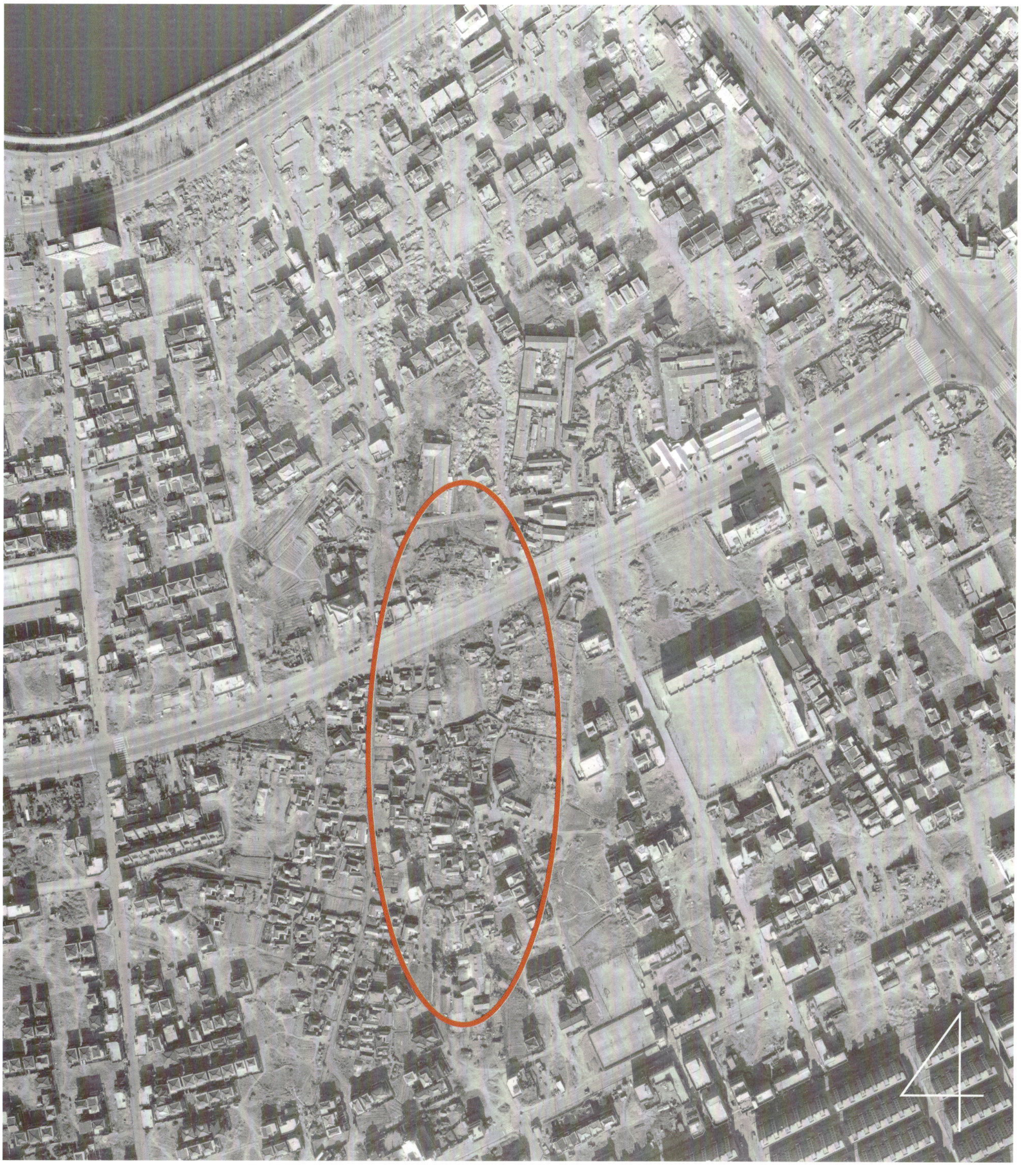

서울특별시 건축기획과, 1983년

강남개발 진행 시 백제고분로 공사로 인해
석촌동 3호분과 4호분 사이로 폭 35m의 차도가 생겼다.

2. 하늘에서 본 석촌동고분군

서울특별시 건축기획과, 1989년

1987년 대학연합발굴조사 후,
사적지 내부 민가가 철거되고 백제고분공원이 조성되었다.

서울특별시 건축기획과, 2012년

석촌동 3호분과 4호분을 관통하던 도로를 지하차도로
변경하여 하나의 고분공원이 조성되었다.

2. 하늘에서 본 석촌동고분군

2016년

2015년 사적지내 지반 함몰이 발생하여 한성백제박물관에서 시굴조사를 실시하게 되었고, 현재는 발굴조사로 전환하여 1호분과 2호분 사이를 조사하고 있다.

2. 하늘에서 본 석촌동고분군

2016년

3. 석촌동, 홍수의 기억

백제 한성기 도성과 왕실묘역인 서울 송파 일원은 한강변에 인접해 있어 집중호우로 인한 홍수 피해를 감수해야 했다. 『삼국사기』에는 개루왕 40년(116년) 6월에 **'큰비가 열흘이나 내려 한강물이 넘쳐 민가가 떠내려가고 부서졌다'**라 하여 백제 때에 겪은 대홍수의 상황을 묘사하고 있다.
1925년 7월 650mm의 기록적인 폭우로 인한 '을축년 대홍수' 당시 뚝섬의 한강 수위는 13.59m까지 치솟았다.
홍수는 풍납토성의 서벽을 무너뜨릴 정도로 위력적이었는데, 당시 출토된 청동 초두 2점이 국립중앙박물관에 남아 있다.

석촌동 일원은 한강에서 500m 범위에 있는데다 해발 15m 내외의 낮은 지대였으므로 침수에서 예외일 수 없었다.
당시 중대면의 피해 상황을 기록한 비석이 석촌동고분군의 서쪽에 위치한 송파초등학교 언저리에 남아 있다.
[乙丑 七月十八日 大洪水紀念]이라고 새긴 비석의 뒷면에 당시의 상황을 다음과 같이 적고 있다.
'강물이 48척(약14.3m)이나 불어나 273호가 유실되었다.'

을축년 대홍수 기념비

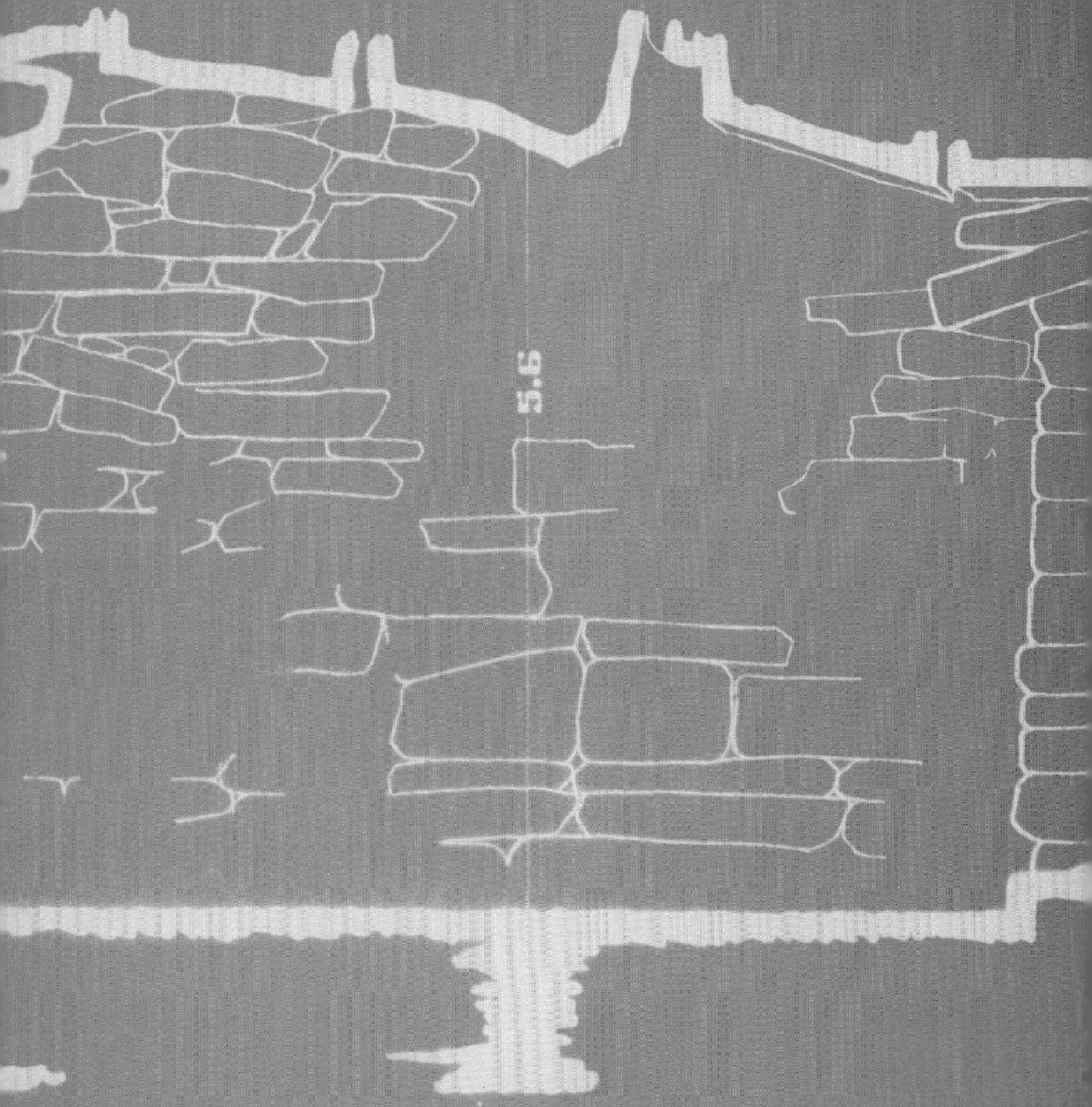
5.6

Ⅲ

백제왕릉지구 석촌동고분군

1. 석촌동고분군 주변의 유적들

백제 온조왕이 위례성에 도읍을 정한 것은 한강과 주변 산악으로 구성된 천혜의 자연적 조건과 비옥한 토질 등 국방의 용이함과 경제적 안정성을 고려한 결과였다.
이러한 지형적 이점에 힘입어 한강 중류역은 선사 이래 인간 거주의 터전이 되었다. 서울 강동의 암사동유적, 하남의 미사리유적은 이러한 상황을 간직하고 있는 대표적인 유적이다. 한강 중류 지역은 이와 같은 자연적 조건과 함께 서해를 통하여 중국으로 통하는 교두보였기 때문에 삼국시대 각축의 현장이 되었다. 5세기는 백제와 고구려가 한강을 사이에 두고 대치하던 시기로, 한강 이북의 아차산, 용마산에는 중랑천을 따라 고구려의 보루가 많이 분포하고 있다. 6세기에는 신라가 이 지역을 점령하여 전략적 요충지로 삼았고, 통일신라 이후에는 한산주(漢山州)가 설치되어 행정 거점이 되었다.

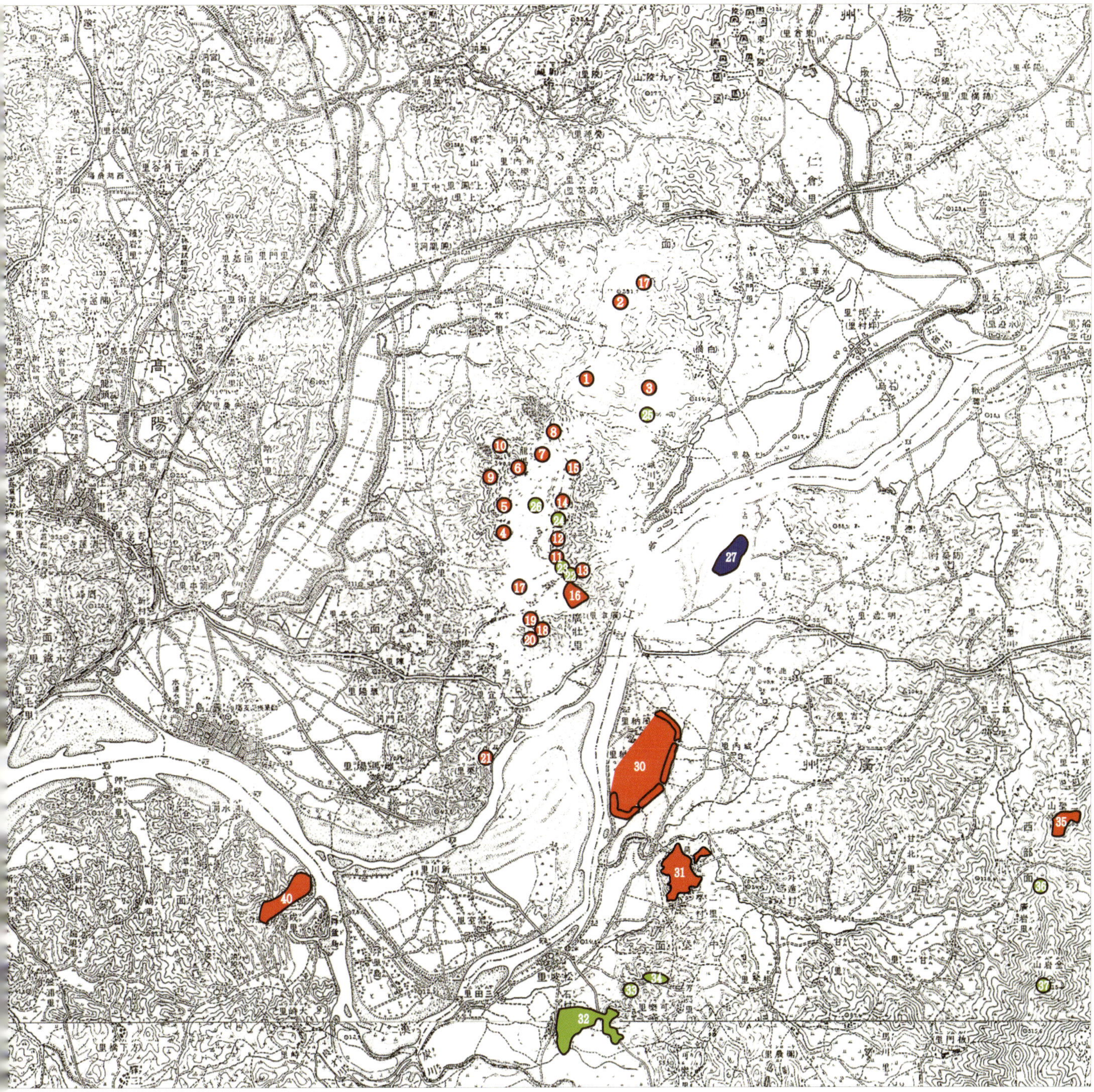

백제왕도 주변유적분포도

(1919년 제작지형도, 1:310,000)

석촌동고분군이 위치한 서울의 동부지역에는
선사시대부터 고대에 이르는 다수의 유적이 분포한다.
한강 남쪽 강동구, 강남구, 송파구에는 주로 신석기, 청동기 시대 등
선사시대 유적과 백제 유적이 다수 분포하고 있고,
한강 북쪽 광진구에는 고구려와 신라 유적이 많이 분포한다.

1. 석촌동고분군 주변의 유적들

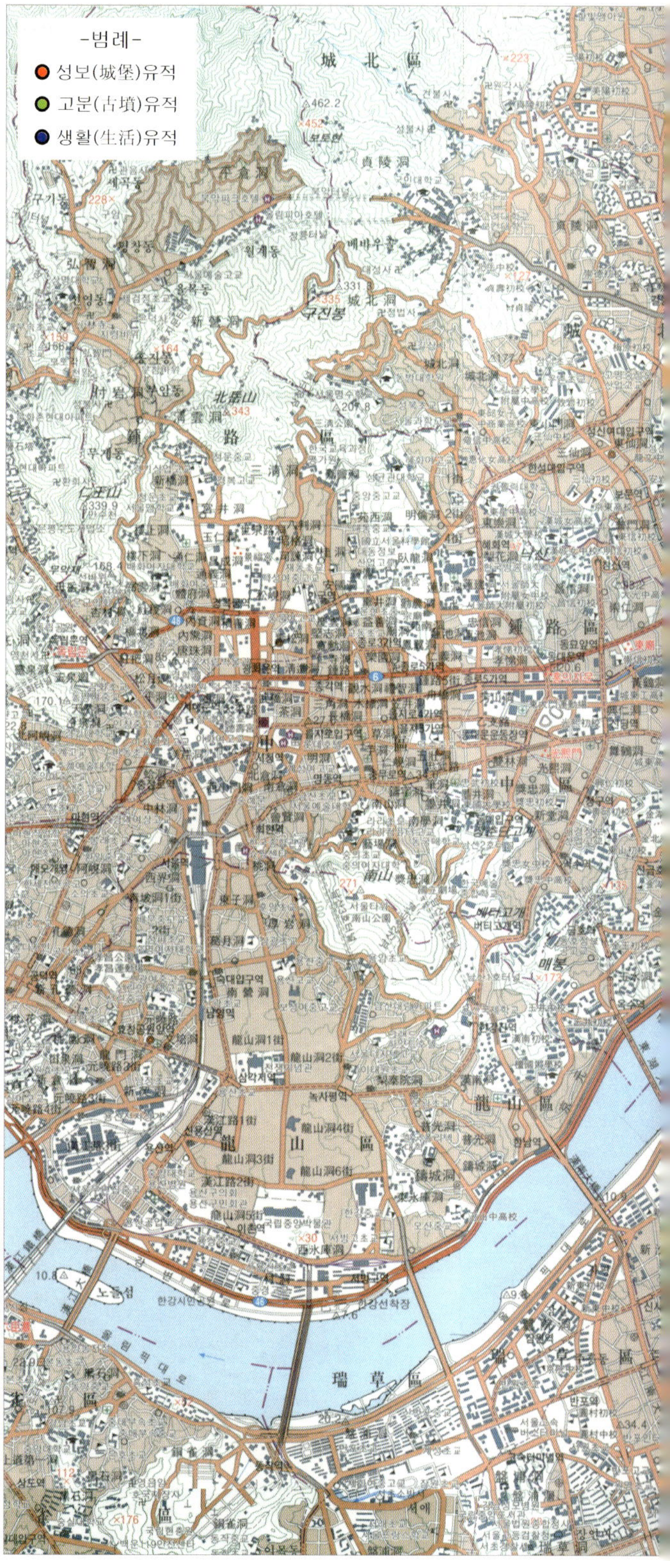

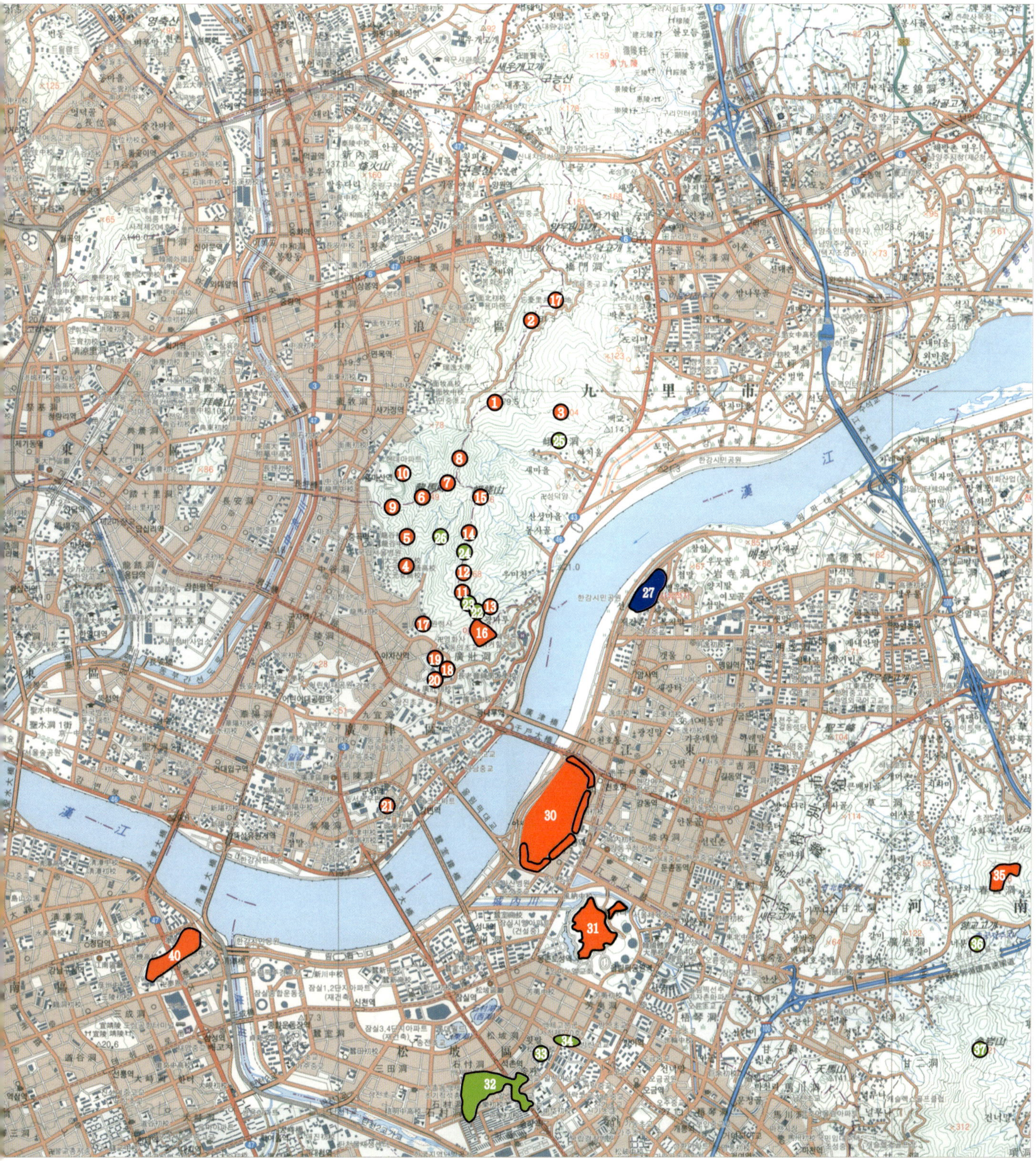

백제왕도 주변유적분포도
(2012년 제작 수치지형도, 1:10,000)

1. 석촌동고분군 주변의 유적들

• 석촌동고분군 주변의 삼국~통일신라시대 유적일람

번호	유적명	지정	위치	시대	내용	출전
1	망우산 1보루	사적 455호	서울시 중랑구 면목동 산1-1	삼국 (고구려)	평면은 원형에 가까우며, 전체둘레는 146m. 유물은 고구려토기편 출토.	①·⑤
2	망우산 2보루	-	서울시 중랑구 망우동 산57-3	삼국 (고구려)	평면은 북동-남서방향에 장축을 둔 장타원형으로 추정되며, 전체둘레는 120m. 유물은 고구려토기편과 초기철기시대의 점토대토기·두형토기·발형토기 등이 채집.	①·⑤
	망우산 3보루	-			공동묘지 조성으로 원형을 파악하기 어려움. 정상부 주변으로 고구려토기편과 점토대토기편 등이 채집.	
3	시루봉 보루	사적 455호	경기도 구리시 아천동 산7-2	삼국 (고구려)	평면은 활모양(弓形)으로 휘어 있으며, 둘레는 205m. 대형건물지·저수시설·배수시설·석축의 치(雉)·성벽 등이 확인. 유물은 사이직구옹·시루·접시·완·장동호 등이 출토.	⑥·⑦
4	용마산 1보루	〃	서울시 광진구 중곡동 산3-5	삼국 (고구려)	평면은 남북으로 긴 타원형이며, 둘레는 96m, 내부면적은 627㎡로 소규모. 다수의 고구려토기가 채집.	①·⑦
5	용마산 2보루	〃	서울시 광진구 중곡동 산3-68	삼국 (고구려)	전체둘레는 200m 이상이며, 석축성벽·치·온돌을 포함한 건물지·저수시설·저장유구·창고 등이 확인. 유물은 호·옹·장동호 등의 고구려토기와 철모·철부·철촉·철준·찰갑·단야구 등의 철기류가 출토.	①·⑥
6	용마산 3보루	〃	서울시 광진구 중곡동 산1, 중랑구 면목동 산1-2	삼국 (고구려) - 통일신라	평면은 장타원형이며, 전체둘레는 235m, 내부면적은 2,289㎡. 성벽은 치석된 화강암 석재로 축조. 유물은 고구려토기, 신라 및 통일신라토기가 채집.	④·⑦
7	용마산 4보루	〃	〃	삼국 (고구려)	평면은 남-북으로 긴 타원형이며, 둘레는 263m, 내부면적은 3,075㎡. 유물은 고구려토기편과 철촉 등이 채집.	④·⑦
8	용마산 5보루	〃	서울시 중랑구 면목동 산1-2, 경기도 구리시 아천동 산7-1	삼국 (고구려)	평면은 남-북으로 긴 타원형이며, 둘레는 132m, 내부면적은 936㎡. 성벽은 석축을 하고 그 내부는 할석과 흙으로 채운 구조로 확인, 유물은 다량의 고구려토기편이 채집.	④·⑦
9	용마산 6보루	〃	서울시 중랑구 면목동 75	삼국 (고구려) - 통일신라	평면은 장타원형이며, 둘레는 195m, 내부면적은 2,420㎡. 남쪽 외곽으로 석축성벽이 노출. 유물은 고구려토기편과 통일신라토기편이 채집.	④·⑦
10	용마산 7보루	〃	서울시 중랑구 면목동 산1-5	삼국 (고구려)	평면은 북서-남동으로 긴 타원형이며, 둘레는 74m, 내부면적은 400㎡. 남쪽과 북쪽외곽에서 석축성벽이 확인. 유물은 통일신라토기편이 채집.	④·⑦

① 국립문화재연구소, 2006, 『남한의 고구려유적』.

② 고려대학교 고고환경연구소, 2007, 『아차산 제3보루 1차 발굴조사보고서』.
고려대학교 고고환경연구소, 2007, 『홍련봉 제1보루 발굴조사 종합보고서』.
고려대학교 고고환경연구소, 2007, 『홍련봉 제2보루 1차 발굴조사 보고서』.
고려대학교 고고환경연구소, 2015, 『사적 제 455호 아차산 일대 보루군 홍련봉 1·2보루』.

③ 서울대학교박물관, 2000, 『아차산성 시굴조사보고서』.
서울대학교박물관, 2000, 『아차산 제4보루 발굴조사 종합보고서』.
서울대학교박물관, 2002, 『아차산 시루봉보루 발굴조사 종합보고서』.

④ 서울시립대학교 서울학연구소·한신대학교박물관, 2003, 『서울소재 성곽조사 보고서』.

⑤ 심광주, 2011, 「망우산 제1·2·3보루」, 『韓國考古學專門事典 -城郭·烽燧篇-』, 國立文化財研究所.

⑥ 양시은, 「용마산 제2보루」, 『韓國考古學專門事典 -城郭·烽燧篇-』, 國立文化財研究所.

⑦ 최종택, 2011, 「시루봉보루」, 『韓國考古學專門事典 -城郭·烽燧篇-』, 國立文化財研究所.
최종택, 2011, 「용마산 제1·3·4·5·6·7보루」, 『韓國考古學專門事典 -城郭·烽燧篇-』, 國立文化財研究所.
최종택, 2011, 「아차산 제1·2·3·4·5보루」, 『韓國考古學專門事典 -城郭·烽燧篇-』, 國立文化財研究所.
최종택, 2011, 「아차산성」, 『韓國考古學專門事典 -城郭·烽燧篇-』, 國立文化財研究所.

11	아차산 1보루	〃	서울시 광진구 중곡동 산2-1, 경기도 구리시 아천동 산49-1	삼국 (고구려)	평면은 타원형이며, 둘레는 103m, 내부면적은 668㎡. 외곽으로 3-4단의 석축성벽이 노출. 유물은 고구려토기편이 채집.	③·⑦
12	아차산 2보루	〃	경기도 구리시 아천동 산54-1	삼국 (고구려)	평면은 원형에 가까우며, 둘레는 40-58m. 석축성벽과 치가 확인되며, 유물은 고구려토기가 채집.	③·⑦
13	아차산 3보루	〃	경기도 구리시 아천동 산49-1	삼국 (고구려)	평면은 남-북으로 긴 타원형이며, 둘레는 420m, 내부면적은 4,200㎡. 석축성벽·기단건물지 8기·배수시설 3기·방앗간 1기·단야시설 1기·저장유구 1기·방형석단 2기·석축·계단시설 등이 확인. 유물은 호·옹·동이·접시 등의 고구려토기와 찰갑·마구 등의 철기류가 출토.	③·⑦
14	아차산 4보루	〃	경기도 구리시 아천동 산52-2, 서울시 광진구 중곡동 143-12	삼국 (고구려)	평면은 남북으로 긴 말안장형(馬鞍形)이며, 둘레는 256m, 내부면적은 2,256㎡. 석축성벽·4개의 치· 건물지 7기 등이 확인. 유물은 '후부도○형(後部都○兄)' 등 명문토기를 비롯한 고구려토기와 철부·철정·철촉 등의 철기류가 출토.	③·⑦
15	아차산 5보루	〃	경기도 구리시 아천동 산49-1	삼국 (고구려) – 통일신라	평면은 남북으로 긴 타원형이며, 둘레는 158m. 일부지점에 석축성벽이 노출. 유물은 고구려토기와 신라 및 통일신라토기가 채집.	③·⑦
16	아차산성	사적 234호	서울시 광진구 광장동 산31	삼국 (신라) – 통일신라	아차산 남쪽계곡 상단을 두른 사모봉형의 석축산성이며, 둘레는 1,038m. 성내부에서 석축의 집수지· 기단건물지 등이 확인. 유물은 6세기 후반-9세기 중엽의 신라토기가 대부분이며, '북한(北漢)…', '…한산(漢山)'등의 명문기와가 출토.	③·⑦
17	아차산 장성	–	서울시 광진구 중곡동 산1-30, 산2-1, 구의동 산3	삼국 – 조선	아차산과 배봉산의 주능선을 따라 토석혼축으로 축조된 장성. 둘레 약 30km, 상부 폭 1.5m, 외벽 높이 2.5m, 내벽 높이 1m. 유물은 백제계 삼족기· 고구려토기 등이 채집.	⑨·⑩
18	홍련봉 1보루	사적 455호	서울시 광진구 광장동 산74-1	삼국 (고구려) – 통일신라	평면은 타원형이며, 둘레는 145m. 석축성벽 내부에서 기단건물지 18기·저수시설 3기·배수시설 4기 등이 확인. 유물은 고구려토기가 주를 이루며, 고구려 연화문와당과 일부 통일신라토기가 출토.	①·②
19	홍련봉 2보루	〃	서울시 광진구 광장동 산10-1	삼국 (고구려) – 통일신라	평면은 동-서 장축의 타원형이며, 둘레는 190m. 목책·석축성벽·치·외황 등의 방어시설과 성내에서 건물지 8기·저수시설 3기·배수시설·집수정 2기·단야시설 등이 확인. 유물은 '경자(庚子)','관옹(官瓮)'등의 명문토기편을 비롯하여 동이·뚜껑·호·완·접시류 등의 고구려토기와 마구·무기·농공구류 등의 철기가 출토.	①·②
20	광장동 보루	–	서울시 광진구 광장동 산10-11, 산17-1	삼국 (고구려)	해발 100m 내외의 완만한 독립구릉상에 위치. 현재는 정상부에 위치한 군부대로 인해 유적이 대부분 훼손. 기 지표조사에서 황·회갈색 연질토기가 채집.	⑧·⑨

최종택, 2011, 「아차산 홍련봉 제1·2보루」, 『韓國考古學專門事典 –城郭·烽燧篇–』, 國立文化財研究所.

최종택, 2011, 「구의동보루」, 『韓國考古學專門事典 –城郭·烽燧篇–』, 國立文化財研究所.

⑧ 강진갑 외, 1994, 『아차산의 역사와 문화유적』, 구리시·구리문화원.

⑨ 서울역사박물관, 2005, 『서울특별시 문화유적 지표조사 종합보고서Ⅱ』.

⑩ 신영문, 2011, 「아차산장성」, 『韓國考古學專門事典 –城郭·烽燧篇–』, 國立文化財研究所.

1. 석촌동고분군 주변의 유적들

21	구의동 보루	–	서울시 광진구 구의동 695	삼국 (고구려)	평면은 원형이며, 직경 14.8m·높이 1m의 성벽과 내부의 직경 7.6m의 수혈주거지로 구성. 치·배수시설·온돌시설·저수시설 등이 확인. 유물은 장동호·호·옹·직구옹·동이 등의 토기와, 촉·철검·창·부·보습·가래·호미·쇠스랑·끌·솥·호·낫·작 등의 철기가 대량 출토.	⑦·⑨
22	아차산 고분군1	–	서울시 광진구 구의동 산3	삼국 – 통일신라	서울시 광진구와 경기도 구리시와의 경계에 위치. 1994년 조사에서 총 15기 가량의 석곽묘가 분포한다고 보고되었으나, 현재 길이 1.9m, 너비 1.6m, 깊이 0.6m 내외의 훼손된 석실분 1기가 명확히 확인.	⑧·⑨
23	아차산 고분군2	–	서울시 광진구 구의동 산3	삼국 – 통일신라	서울시 광진구와 경기도 구리시와의 경계에 위치. 1994년 조사에서 총 7기 가량의 석곽묘가 분포한다고 보고되었으나, 현재 길이 2.5m, 너비 1.2m 내외의 파괴된 석실분 1기를 포함, 총 3기가 명확히 확인.	⑧·⑨
24	아차산 고분군3	–	서울시 광진구 구의동 산1	삼국 – 통일신라	아차산 3보루에서 100m 가량 떨어진 지역에 위치. 1994년 조사에서는 총 20여기의 석실분이 분포한다고 보고되었으나, 현재 길이 2.6m, 너비 1.8m, 깊이 0.6m 내외의 파괴된 석실분 1기가 명확히 확인.	⑧·⑨
25	아차산 고분군4	–	경기도 구리시 아천동 산7-1	삼국 – 통일신라	아천동 북편 구릉사면에 총 20-30여기의 석곽묘가 집중되어 분포. 1994년 조사에서 길이 2.4m, 너비 1.5m, 깊이 1.1m의 파괴된 석실분 1기가 조사되었으며, 유물은 확인되지 않음.	⑧·⑪
26	중곡동 고분군	–	서울시 광진구 중곡동 143-127	삼국 – 통일신라	면목동과 중곡동이 접하는 용마산 정상부에 위치한 2기의 횡혈식 석실분으로, 일제강점기에 조사되었으나 현재는 확인되지 않음. 유물은 단각고배 등 토기 5점과 석제 방추차가 수습.	⑪·⑫
27	암사동 유적	사적 267호	서울시 강동구 암사동 139-2	신석기 – 삼국 (백제)	아차산성 맞은편 한강 아래쪽 하안단구 일대에 위치. 백제문화층인 두께 40-60㎝의 흑색사질토층에서 수혈주거지·건물지·합구식옹관묘 등이 확인. 유물은 단경호·심발형토기·장란형토기·직구호·옹·철부·철정·탄화목재 등이 출토.	⑬
28	미사리 유적	사적 269호	경기도 하남시 미사동 557-1	신석기 – 삼국 (백제)	한강 중류 범람원에 형성된 충적평야 일대에 위치. 유적의 A지구 남쪽 구간과 B지구 전역에 걸쳐서 수혈주거지·저장수혈·고상식건물지·구상유구·대규모의 경작유구(밭) 등이 확인. 유물은 단경호·완·심발형토기·벼루·삼족기·대호·장란형토기·철부·철도자·찰갑·꺽쇠·철촉·유개고배·어망추 등이 출토.	⑭
29	덕풍동 고분군	–	경기도 하남시 덕풍동 산33-8	청동기 – 삼국 (백제, 신라)	이성산성 북쪽 사면에 위치. 백제 토광묘 2기·신라 석실분 3기, 석곽묘 15기 등 약 50여기의 고분이 군집을 이루는 것이 확인. 유물은 원저단경호·심발형토기·철도자·유개고배·합·관정·청동과대·인화문 병·대부완·단경호 등이 출토.	⑮·⑯

⑪ 김길식, 2009, 「아차산고분군」, 『韓國考古學專門事典 –古墳篇–』, 國立文化財硏究所.
김길식, 2009, 「중곡동고분군」, 『韓國考古學專門事典 –古墳篇–』, 國立文化財硏究所.
김길식, 2009, 「금암산고분군」, 『韓國考古學專門事典 –古墳篇–』, 國立文化財硏究所.

⑫ 조선총독부, 1935, 『昭和二年度 古蹟調査報告』.

⑬ 국립중앙박물관, 1995, 『암사동』.
국립중앙박물관·서울특별시 강동구, 1999, 『암사동Ⅱ』.

⑭ 미사리선사유적발굴조사단, 1994, 『미사리1~5』.

⑮ 세종대학교박물관, 2006·2007, 『하남 덕풍골유적·하남 덕풍골유적Ⅱ』.

⑯ 기전문화재연구원, 2007, 『하남 덕풍동 수리골유적』.

30	풍납토성	사적 11호	서울시 송파구 풍납동 72-1	삼국 (백제)	한강변의 충적대지에 축조한 평지토성으로, 평면은 약간 동쪽으로 치우친 장타원형 또는 배모양. 성벽 너비 30-40m, 높이 6-11m, 길이는 북벽 300m, 동벽 1,500m, 남벽 200m, 유실된 서벽을 포함한 총 둘레 3.5km의 거대한 토성. 판축토루를 중심으로 축조한 내·외벽 내에서 3중의 환호·성문·도로·대형건물지·수혈주거지·제사유구·저장유구·공방·토기가마·수혈유구·구상유구 등이 확인. 유물은 을축년 대홍수시 출토된 청동제초두·과대금구를 포함하여, 중국 서진(西晉)대의 시유도기(전문도기 포함)와 청자·'대부(大夫)'와 '정(井)'자가 새겨진 직구단경호·심발형토기·경질무문토기·타날문토기·장란형토기·동이·대옹·대호·삼족기·고배·광구장경호·목탄·목재·수골(獸骨)·어골(魚骨)·토우·금판·유리구슬·다양한 문양의 와당·기와·토제 초석장식편·토제 거푸집·송풍관·슬래그 등이 출토.	⑰·⑱
31	몽촌토성	사적 297호	서울시 송파구 방이2동 88-3	삼국 (백제)	남한산에서 북쪽으로 뻗어 내린 낮은 구릉(해발 44.8m) 위에 위치. 자연지형을 최대한 이용하여 축조한 토성으로, 평면은 남북으로 길쭉한 타원형 또는 마름모에 가까운 부정형. 성벽 기저부 너비 50-65m, 상부 너비 7.5-10.5m, 높이 12-17m, 길이 2,285m, 동북쪽 외곽에는 외성이 270m가량 직선형태로 축조. 판축기법으로 축조한 성벽에 서북벽 일부를 목책으로 보강하고, 서쪽·북쪽·동북쪽 일대는 한강의 지천인 성내천의 물길을 해자로 이용. 3개소의 문지·망대·도로·판축한 성토대지·지상건물지·적심유구·연못·수혈주거지·플라스크형의 저장유구 등이 확인. 유물은 중국 서진(西晉)대의 시유도기(전문도기 포함)와 청자를 포함하여, 고배·삼족기·직구단경호·광구장경호·심발·장란형토기·단경호·단경옹·시루·원통형기대·병·연화문 수막새·기와·그물추·방추차·칼·투겁창·철촉·편자·족쇄·철부·철삽날·가위·금동제 허리띠장식·뼈갑옷·나무오리·돌절구 등이 출토.	⑲·⑳
32	석촌동 고분군	사적 243호	서울시 송파구 석촌동 61-6	삼국 (백제)	몽촌토성에서 서남쪽 방향의 한강변 충적대지에 위치. 일제강점기 조사 결과 송파구 일대에서 적석총으로 추정되는 석총 86기·횡혈식석실분으로 추정되는 토총 23기가 확인되었으나, 1970년대 잠실지구 종합개발계획으로 대부분의 고분이 파괴. 현재까지 총 5기의 백제 적석총, 즙석봉토분과 3호분 동쪽고분군, 5호분 남쪽에 위치한 파괴분이 확인. 적석총·즙석봉토분 외에도 대형토광묘·석곽묘·옹관묘·토광적석묘·석실옹관묘·석실분·화장유구 등 다양한 묘제가 분포. 유물은 동진(東晋)대의 청자사이호·청자반구호편을 포함하여 칠기·고배·심발형토기·장란형토기·직구단경호·직구광견호·직구대부호·이중구연호·평저광구호·파수부 동이·동전무늬 막새와 다량의 기와·금제영락·철도자·교구·철제 꺽쇠창·망치·낫·모·관정·숫돌·석추·목탄 등이 출토.	㉑·㉒

⑰ 국립문화재연구소, 2001·2002·2005·2007,『풍납토성Ⅰ·Ⅱ·Ⅴ·Ⅷ』.

⑱ 한신대학교박물관, 2003·2004·2005·2006,『풍납토성Ⅲ·Ⅳ·Ⅵ·Ⅶ』.

⑲ 몽촌토성발굴조사단, 1985,『몽촌토성발굴조사보고』.

⑳ 서울대학교박물관, 1987,『몽촌토성-동북지구 발굴조사보고』.
서울대학교박물관, 1988,『몽촌토성-동남지구 발굴조사보고』.
서울대학교박물관, 1989,『몽촌토성-서남지구 발굴조사보고』.

1. 석촌동고분군 주변의 유적들

33	가락동 고분군	–	서울시 송파구 가락동 산77-1, 산76-1	삼국 (백제, 신라)	1·2호분은 석촌동과 인접한 경계에, 3-6호분은 얕은 구릉 경사면에 위치. 백제 즙석봉토분 2기·횡혈식석실분 4기 등 총 6기가 확인. 묘제의 구조와 성격상 1·2호분은 석촌동고분군과, 3-6호분은 방이동고분군과 유사한 양상으로 추정. 유물은 직구광견호·이중구연호·평저광구호·대부완·병·기와편·금동제 이식·철정·꺾쇠·철도자·창·교구 등이 출토.	㉓·㉔
34	방이동 고분군	사적 270호	서울시 송파구 방이동 산47-4	삼국 (백제, 신라)	얕은 구릉지대의 능선사면에 위치. 총 8기의 횡혈식석실분이 확인. 유물은 고배·병·관정·인골 등이 출토.	㉔·㉕
35	이성산성	사적 422호	경기도 하남시 춘궁동 산36	삼국 (신라) – 통일신라	이성산 정상부에서 남쪽으로 계곡을 감싸도록 축조한 포곡식의 석축산성이며, 둘레는 1,665m. 2차에 걸쳐서 축조한 성벽과 현문식의 문지를 포함하여, 치·배수시설·도로·건물지(8각, 9각, 장방형 등)·저수지·저장유구·제사유구 등이 확인. 유물은 '무진년(戊辰年)', '남한성(南漢城)', '수성(須城)', '도사(道使)'·'촌주(村主)' 등이 묵서명으로 쓰인 목간을 포함하여, 토제마·철제마·철촉·주조철부·쇠스랑·삽·유공부·투석용 강돌·인화문토기·대형 시루·동이·바가지·칠기·대옹·합·완·단각고배·기와·빗, 자, 방망이, 팽이 등의 목기·짚신·요고·벼루 등이 출토.	㉖
36	하남 감일동 고분군	–	경기도 하남시 감일동 산34-12, 산50-22 감이동 일원	삼국(백제) – 조선	해발고도 30~50m내외의 구릉 정상부와 남동사면에 조성된 백제고분군. 1-2지점에서 백제시대 석실묘 7기와 석곽묘 2기, 1-3지점에서 백제시대 석실(석곽)묘 24기가 확인되었고 그 외 조선시대 토광묘 5기, 석렬 1기 등도 조사됨	㊲
37	광암동 고분군	–	경기도 하남시 광암동 산24-1	삼국 (백제) – 통일신라	북쪽의 이성산성과 남쪽의 금암산고분군의 경계지점인 해발 100m의 남서사면에 위치. 백제 횡혈식석실분 2기·통일신라 횡혈식석실분 2기, 석곽묘 9기 등 총 13기가 확인. 유물은 관정·꺾쇠·직구단경호·광구장경호·단경호·금동제지환·완·원형 석제품·인골·수골·합·대부병·동전(開元通寶)·수저·고배 등이 출토.	㉗
38	금암산 고분군	–	경기도 하남시 항동 산76	삼국 (신라)	금암산 일대 총 8개 지구에 걸쳐 위치. 1지구 신라 횡혈식석실분 4기·2지구 신라 석곽묘 5기·3지구 신라 석곽묘 15기·4지구 신라 석곽묘 10기·5지구 신라 석곽묘 10기·6지구 신라 석실분 1기, 석곽묘 3기·7지구 신라 석곽묘 1기·8지구 미상고분 1기 등 총 53기가 확인.	⑪·㉘
39	주장성 (남한산성)	사적 57호	경기도 광주시 남한산성면 산성리 산1	삼국 (신라) – 조선	주봉인 청량산을 중심으로 북쪽의 연주봉, 동쪽의 망월봉·벌봉, 남쪽의 여러 봉우리를 연결하여 쌓은 석축산성. 672년 신라에 의해 처음 축성되어 주장성으로 명명되었으며, 초축 당시 성의 둘레는 8km. 북문과 동장대 사이에 있는 제4암문과 수구지 주변에서 확인된 주장성의 성벽을 포함하여, 백제 주거지·저장유구·통일신라 대형건물지 등이 확인. 유물은 '갑진성년말촌주정량(甲辰城年末村主政亮)', '마산정자와초(麻山停子瓦草)', '관초(官草)', '천주(天主)' 등이 새겨진 대형, 특대형의 기와를 포함하여, 인화문토기편·대옹·각병 등이 출토.	㉙·㉚

㉑ 서울대학교박물관, 2013, 『석촌동고분군Ⅰ』.
서울대학교박물관, 2014, 『석촌동고분군Ⅱ』.

㉒ 권오영, 2009, 「석촌동고분군」, 『韓國考古學專門事典 –古墳篇–』, 國立文化財硏究所.
권오영, 2009, 「석촌동3호분」, 『韓國考古學專門事典 –古墳篇–』, 國立文化財硏究所.
권오영, 2009, 「석촌동3호분 동쪽고분군」, 『韓國考古學專門事典 –古墳篇–』, 國立文化財硏究所.
권오영, 2009, 「석촌동4호분」, 『韓國考古學專門事典 –古墳篇–』, 國立文化財硏究所.
권오영, 2009, 「석촌동5호분」, 『韓國考古學專門事典 –古墳篇–』, 國立文化財硏究所.
권오영, 2009, 「석촌동파괴분」, 『韓國考古學專門事典 –古墳篇–』, 國立文化財硏究所.

㉓ 윤세영, 1975, 「가락동 백제고분 제1호, 제2호분 발굴조사약보」, 『고고학3』, 한국고고학회.

㉔ 잠실지구유적발굴조사단, 1975, 「잠실지구유적발굴조사보고–1975년도–」.

㉕ 조유전, 1975, 「방이동유적 발굴보고」, 『문화재9』, 문화재관리국.

40	대모산성	–	서울시 강남구 일원동	삼국 – 통일신라	대모산 정상부에 위치한 테뫼식의 석축산성이며, 둘레는 567m. 동서로 길게 뻗은 형태의 산지에 앞으로는 평야지대, 북쪽에 한강, 동쪽에 탄천, 서쪽에 양재천이 위치하여, 한강유역의 조망이 용이한 군사요충지. 평면은 동서방향을 중심축으로 하는 장타원형. 성벽은 암반의 수평을 맞추고 그 위에 성벽을 쌓아 편축. 일부구간을 제외하고는 대부분 붕괴되어 뒷채움석만 잔존. 유물은 단각고배·개배·경질완·호 등이 수습.	㉛·㉜
41	삼성동토성	–	서울시 강남구 삼성동	삼국 (백제)	수도산 사면을 둘러싼 테뫼식의 토성이며, 탄천과 한강이 합류하는 요충지에 위치. 일제강점기 고적조사자료에는 봉은사 동북쪽으로 길이 300m, 높이 1.8m의 토루가 확인. 1970년대 강남구 일대가 개발되기 이전까지는 토성이 잔존하는 것으로 보고되었으나, 현재는 개발로 인해 한강에 접한 북벽과 봉은사로 이어지는 남벽을 제외한 대부분의 유적이 훼손. 유물은 연화문와당 등이 수습.	㉛·㉜
42	우면동 고분군	–	서울시 서초구 우면동 297	삼국 (백제, 신라) – 조선	우면산과 갓배산, 태봉산에 둘러쌓인 구릉과 곡부의 평야지역에 위치. 백제 주거지·백제 횡혈식석실분·신라 횡구식석실분·수혈·노지·구상유구·수전(水田) 등이 확인. 유물은 장란형토기·광구장경호·고배·개배·대부완·대부직구호·단경호·완·옹·이형토기·대호·소호·시루·우각형파수·병·합·반·철부·철도자·철겸·철착·철모·철촉·철준·철정·꺾쇠·교구·방추차·구슬·금제이식·금동제이식 등이 출토.	④·㉝
43	남현동 요지	사적 247호	서울시 관악구 남현동 538-1	삼국 (백제, 신라) – 통일신라	관악산의 맨 끝자락 구릉 위에 입지한 사당초등학교 뒤편에 위치. 1970년대 격자문이 시문된 다량의 토기편이 소토나 목탄 등과 섞여 발견되어 서울지역의 유일한 백제요지로 주목받았으나, 이후 조사에서 신라요지와 관련된 폐기장으로 확인. 건축물 조성으로 인해 유적의 상당부분이 파괴되었으나, 생토면을 활용한 바닥부분은 양호하게 보존. 규모는 소토와 재의 잔존범위로 보아 대략 길이가 4.5m, 폭이 0.7m이며, 여러 기의 가마가 밀집되어 있었던 것으로 추정. 바닥의 경사는 대략 17도 정도로 자연경사면을 활용하였고, 상부 구조는 알 수 없으나 남아 있는 구조로 보아 터널형의 벽체에, 경사면의 아래쪽에 있는 화구는 점토를 두텁게 발라서 규모는 직경 1.6m, 높이 0.6m, 벽체의 두께는 0.2m 정도인 반구형(半球形)으로 축조. 유물은 '縣器村何支爲(현기촌하지위)', '性音(성음)', '舍知作(사지작)'등 명문 토기편을 포함하여, 인화문토기·완·호 등이 출토.	㉟·㊱

㉖ 한양대학교박물관, 1986~2006, 『이성산성 1~11차 발굴조사보고서』.
㉗ 세종대학교박물관, 2006, 『하남 광암동유적』.
㉘ 세종대학교박물관, 2005, 『문화유적분포지도-하남시-』.
㉙ 한국토지공사 토지박물관, 2000, 『남한산성 문화유적 지표조사보고서』.
한국토지공사 토지박물관, 1999~2004, 『남한산성 행궁지-시굴·1~6차조사보고서』.
㉚ 중원문화재연구원, 2007, 『남한산성-암문(4)수구지일대 발굴조사』.
㉛ 한양대학교박물관, 1999, 『대모산 문화유적 시굴조사보고서』.
㉜ 경기도박물관, 2002, 『경기도 3대하천유역 종합학술조사II-한강-』.
㉝ 서울특별시시사편찬위원회, 2004, 『서울의 성곽』.
㉞ 한얼문화유산연구원, 2012, 『서울 우면동유적』.
㉟ 서울대학교박물관, 1997, 『발굴유물도록』
㊱ 김원룡 외, 1973, 「서울 사당동요지의 신라토기」, 『대구사학7·8』.
㊲ (재)고려문화재연구원 2016.11. "하남감일 공공주택지구 내 문화재 발굴(시굴) 조사 학술자문회의자료

1. 석촌동고분군 주변의 유적들

백제 한성기의 도성 운영체제

백제 한성기의 도성은 풍납토성과 몽촌토성으로 운영되었다. 풍납토성은 한강 남안에 인접해 있고 몽촌토성은 그 남쪽에 있는데, 두 성의 거리는 700m를 넘지 않는다. 『삼국사기』에는 고구려 장수왕이 군사를 거느리고 와서 북성(北城)을 공격하여 7일만에 빼앗고, 남성(南城)으로 옮겨 공격하였다는 기사가 있다. 개로왕 대에 두 성이 도성을 구성하고 있었음을 알 수 있는데, 풍납토성은 북성(北城), 몽촌토성은 남성(南城)으로 이해되고 있다. 풍납토성은 건국의 첫 도읍인 하남 위례성, 몽촌토성은 근초고왕이 도읍을 옮겼다는 한산(漢山)으로 보기도 한다. 풍납토성의 동쪽 4km 거리에는 백제 토성으로 추정되어온 삼성동토성이 있다. 이 곳 역시 도시화로 인해 원형이 훼손되었지만, 현재 해발 60~70m 내외의 높은 지대에 해당하여, 한강 하류에서 도성으로 진입하는 수로의 방어 거점으로 이해되고 있다.

풍납토성

사적 제11호로 지정 보호되고 있는 풍납토성은 행정구역상 서울시 송파구 풍납 1·2동에 걸쳐 위치해 있으며, 평면형태는 한강을 끼고 약간 동쪽으로 치우친 남-북 방향의 장타원형이다. 북벽과 남벽은 짧은 벽으로 직선에 가까우나 각기 동벽과 서벽으로 둔각을 이루며 꺾이고, 그 중 동벽은 중앙부가 외만한 형태를 띠고 있다.

풍납토성에서는 당시 활발한 대외 교류의 흔적을 보여주는 다양한 유물들이 발견되었다. 대표적인 것이 경당지구에서 집중적으로 출토된 중국제 시유도기이다. 이 외에도 동진제 초두, 낙랑계 토기 등 중국과의 교역을 암시하는 유물뿐만 아니라 왜계, 가야계 토기도 출토되었다.

• 발굴현황

발굴연도	발굴지점	유구 및 유물
1964	북쪽 성벽 인근지역	주거면 2개층/경질무문토기 등
1996	성벽 측량	각종 토기조각
1997	동쪽 성벽 인근 재건축 부지 등	주거지·3중 환호·가마터/세발토기·수막새·기와 등
1999~2000	동쪽 성벽	성벽/바리·항아리 등
	경당연립 재건축부지	대형 건물지·주거지/'대부'가 새겨진 토기 등
	미래마을 재건축부지	불탄 흙, 기와무지/세발토기·큰 독·굽다리접시·기와조각 등
	삼표산업 사옥부지	성벽 및 해자/경질무문토기
2001~2003	소규모 건축예정지	큰 항아리등 백제유물층 발견
2004	강동 빌라부지	배수로를 포함한 유구, 해자와의 연결가능성, 주거지/토기
	동쪽 성벽(해오름APT)	목제우물/두레박·목기·토기
2006~2007	미래마을	도로·주거지/경질무문토기·와당·기둥장식 등
2008	경당지구 재발굴	제사유구, 우물/중국 도기류 등
2009~2011	미래마을	육각형 건물지/고구려계 토기 등
2011	동쪽 성벽 및 해자	성벽,해자/고구려토기·항아리·바리·기와조각 등

『한성백제박물관』, 2012.

풍납토성 전경
(Soophoto_유수)

1. 석촌동고분군 주변의 유적들

몽촌토성

사적 제297호로 지정 보호되고 있는 몽촌토성은 서울시 송파구 방이동에 위치하고, 현재는 올림픽공원으로 정비·복원되어 있다.

몽촌토성은 전체 둘레가 2.2km이고 남북 길이 730m, 동서 길이 570m의 마름모꼴 형태이다. 남한산에서 뻗어 내려 온 표고 44.8m의 잔구상에 자연적인 지형을 최대한 이용하여 구축한 토성으로, 구지형이 다른 지점보다 낮거나 자연구릉이 연결되지 않은 지점을 연결하여 축조하였다.

몽촌토성에서는 다양한 백제토기와 함께 상당량의 중국 도자기들이 출토되었다. 중국 도자기는 서진대의 회유도기와 동진대의 청자로 구분할 수 있다. 기타 특수한 예로서 백자 유약이 발린 도제 벼루편이 있다.
다양한 무기류도 출토되었다. 1985년에는 4호 저장공에서 골제 찰갑이 출토되어 주목을 받았다. 무기류 외의 철기로는 마구류와 농공구가 확인되었다.
이밖에 연화문 수막새를 비롯하여 암키와 및 수키와 편 등 기와류와 그물추 및 가락바퀴도 소량 출토되었다.

• 발굴현황

발굴연도	발굴지점	유구 및 유물
1983	시굴조사 (약 15일)	목책 흔적으로 추정되는 기둥구멍 등
1984	시굴조사 (약 15일)	조선시대 건물터/백제 원통형 그릇받침·중국동진 자기 조각 등
1985	성 내부 발굴조사 (약 6개월)	저장구덩이/세발토기·직구단경호·중국 서진전문도기·금동제 과대금구·뼈갑옷 등
1987	동북지구 발굴조사 (약 3개월)	중국 남조 자기벼루 조각, 백제연화문와당 조각 등
1988	동남지구 발굴조사 (약 3개월)	고구려 토기 등
1989	서남지구 발굴조사 (약 100일)	적심석을 포함하는 지상건물터, 판축대지, 연못터 2개소 등
2015~	몽촌토성 북문지 일원	

『한성백제박물관』, 2012.

몽촌토성 야경
(Soophoto_유수)

몽촌토성
(Soophoto_유수)

몽촌토성 목책 추정 복원지
(Soophoto_유수)

1. 석촌동고분군 주변의 유적들

삼성동토성

삼성동토성은 서울특별시 강남구 삼성동 일대에 있었던 토성으로 백제 한성기에 축조되었다고 알려져 있다. 1982년까지는 어느 정도 형태가 남아 있었으나, 강남개발로 인해 건축물 및 도로가 들어서면서 현재는 그 흔적이 남아있지 않다. 그 위치와 규모에 대해서는 다양한 견해가 제시되었는데, 주로 지표조사를 기반으로 하였다는 점에 한계가 있다. 이에 서울특별시는 2015년 유적 발굴조사의 기초자료 확보 및 향후 발굴 조사계획수립을 목적으로 삼성동토성 추정지 일대에 대한 고지형분석을 실시하였다. 고지형분석 결과, 삼성동 일대 산지 및 구릉에서 삼성동토성의 추정 성벽의 흔적이 관찰되었다.

2016년 7월~9월에 걸쳐 한성백제박물관에서는 토성의 존재 여부 및 성격을 파악하여 한성백제의 도성구조와 도성 방어체제에 대한 기초자료 확보를 위해 삼성동토성 추정지에 대한 발굴(시굴)조사를 실시하였다.

삼성동토성 추정지 항공사진

백제 한성기의 왕릉지구와 고분군

석촌동고분군은 몽촌토성의 남서쪽에 위치한다. 석촌동고분군의 동쪽으로 가락동고분군과 방이동고분군이 분포하고 있는데, 현재 가락동고분군은 남아 있지 않고 석촌동고분군(사적 제243호)과 방이동고분군(사적 제270호)의 일부만 보존되고 있다. 행정구역으로 명칭이 구분되어 있지만 본래 이 일대는 2km 구간에 걸쳐 백제와 신라의 고분이 밀집한 대규모 고분군이었다. 백제 한성기 도성 인근의 하남 광암동, 하남 감일동, 서초 우면동, 성남 창곡동, 성남 판교동에서 백제의 무덤이 발굴되었다.
모두 도성 외곽 묘역의 양상을 잘 보여주는 유적들이다.

이처럼 석촌동, 가락동, 방이동 일대의 고분군은 도성과 어느 정도의 거리를 유지한 채 일정 공간에 집중적으로 조성되었다. 이러한 양상은 도성과 묘역 공간을 분리하는 백제인의 도시 계획의 산물이다. 웅진기의 송산리고분군이 공주 분지를 감싼 구릉의 외곽에 위치하고 있는 점, 사비기의 능산리고분군이 도성을 감싼 나성 밖에 자리잡은 점은 이러한 구상이 점차 정형화되어 간 상황을 보여준다.

석촌동고분군의 현재 모습. 동북쪽(위)의 녹지가 몽촌토성, 그 남쪽(위 오른쪽)의 녹지가 방이동고분군이다. 석촌동, 가락동, 방이동 일대의 고분군은 도성인 풍납토성, 몽촌토성과 어느 정도의 거리를 두고 일정 범위에 집중적으로 조성된 묘역이다.

1. 석촌동고분군 주변의 유적들

방이동고분군

방이동고분군은 서울시 송파구 방이동 일대에 위치한다. 이 지역의 고분은 1971년 국립중앙박물관과 국립문화재연구소의 조사에 의해 알려지게 되었다. 조사 당시에 알려진 것은 8기였으나, 1975년 잠실지구유적발굴조사단에 의해 1·4·5·6호분 등이 발굴조사 되었다. 발굴조사 결과, 1호, 4호, 6호분은 구릉 비탈을 살짝 파낸 뒤 깬 돌로 네모난 석실을 만들고, 4벽 모두 위로 올라갈수록 안쪽으로 기울어지게 쌓아 폭을 좁힌 다음 맨 위에 큰 돌을 올려 천장을 만든 궁륭식 천장의 횡혈식 석실분이다. 5호분은 수혈식 석곽묘이다. 나머지 무덤은 발굴하지 않은 채 1983년에 고분공원으로 조성하였으므로 자세한 구조를 알 수 없다.

방이동 1호분은 고분군의 가장 서쪽에 위치한다. 봉분은 원형이고 경사면을 일정한 깊이로 파고 묘광을 마련한 다음 석실과 연도를 축조한 횡혈식 석실분이다. 석실은 남북 길이 3.1m, 동서 너비 2.5m, 높이 2.15m의 장방형이다. 남벽 서쪽에 길이 2.4m, 너비 1m 정도의 연도가 붙어있다. 벽면에는 석회 또는 진흙을 바르고 바닥에는 깬 돌과 자갈을 깔았는데 동쪽에 치우쳐서 남북 길이 2.4m, 동서 길이 1.3m, 높이 0.3m의 장방형 시상대가 설치되어 있다. 1975년 발굴 조사할 때 서벽과 주벽받침대 사이에 남북 일렬로 놓인 토기 3점만 발견되었다. 언제 누가 만들었는지 정확히 알 수 없으나, 5세기 경 백제무덤이라는 설과 6세기 경 신라무덤이라는 설이 있다. 1983년 공원을 조성할 때 무덤의 연도입구를 화강암 장대석으로 덧쌓아 흙과 돌이 무너지지 않게 되었다.

능선 남쪽 끝에 위치하고 있는 4호분은 지름 약 13m 정도의 원형 봉분을 가진 횡혈식 석실분이다. 석실은 많이 파괴되어 정확한 크기와 구조를 알 수 없으나 1호분과 마찬가지로 방형에 가까운 평면에 궁륭상 천장구조를 가진 횡혈식 석실이었던 것으로 추정된다.

5호분은 지름 약 9m의 원형 봉분을 가진 수혈식 석곽묘로서 내부 바닥에서 고배 2점, 병 1점, 용도미상의 육면체 석제품이 출토되었다.

6호분은 1~3호분과 무리를 이루면서 능선 사면에 위치하고 있다. 경사면에 묘광을 파내고 그 안에 깬 돌을 이용하여 터널형 석실을 만든 다음, 남벽에 연도를 설치한 장방형의 횡혈식 석실분이다. 주변의 다른 석실분들과는 달리 석실 내부에 종방향으로 중간 격벽을 쌓아 피장자가 안치되는 동쪽 주곽과 부장품을 넣기 위한 서쪽 부곽으로 나누고 있는 점이 특이하다. 바닥에서는 인골과 고배 1점이 발견되었다.

방이동고분군은 발굴조사하기 전에 이미 도굴되어 유물이 많이 출토되지 않았으나, 6호분에서 회청색 고배를 비롯한 전형적인 신라토기들이 출토되어 신라무덤이라는 해석을 낳았다. 그러나 아직 충분히 조사하지 못한 상태인데다 최근 서울 우면동, 하남 광암동, 성남 판교 등지에서 백제 한성기의 횡혈식 석실분이 잇따라 발견되면서 방이동고분군도 백제 무덤이라는 주장이 새롭게 힘을 얻고 있다.

방이동 백제 고분
(Soophoto_유수)

방이동고분군 전경. 북쪽(위)에 몽촌토성이 보인다.

1. 석촌동고분군 주변의 유적들

가락동고분군

가락동고분군은 서울시 송파구 가락동 일대에 위치한다. 현재까지 즙석 분구묘 2기(1·2호)와 횡혈식 석실분 4기(3~6호)가 조사되었다. 고려대학교 박물관에서 1963년 가락동 집자리, 1969년 가락동 제1·2호분을 조사하였다. 1974년 서울대학교·이화여자대학교·단국대학교 박물관에서 가락동 제3·4·5·6호분을 조사하였다.

가락동 1·2호분은 지표면 위에 분구를 덧대어 쌓으면서 목관과 옹관 등의 매장주체부를 차례로 안치하고 그 위에 최종적으로 돌을 덮은 무덤이다. 분구 평면은 방대형에 가까우며 2호분의 규모는 길이 15m, 폭 12m 내외에 높이 2.2m 가량 된다. 봉분 안에서 목관 3기와 옹관 1기가 확인되었으며, 출토 유물로는 검은간토기 1점과 쇠손칼, 꺽쇠, 쇠못 등이 있다.
가락동 2호분은 가장 오래된 백제 고분으로 평가되어 왔으나, 최근 출토유물의 교차편년을 근거로 4세기 후반~5세기 전반에 조성된 유적으로 보는 견해가 제기되었다.

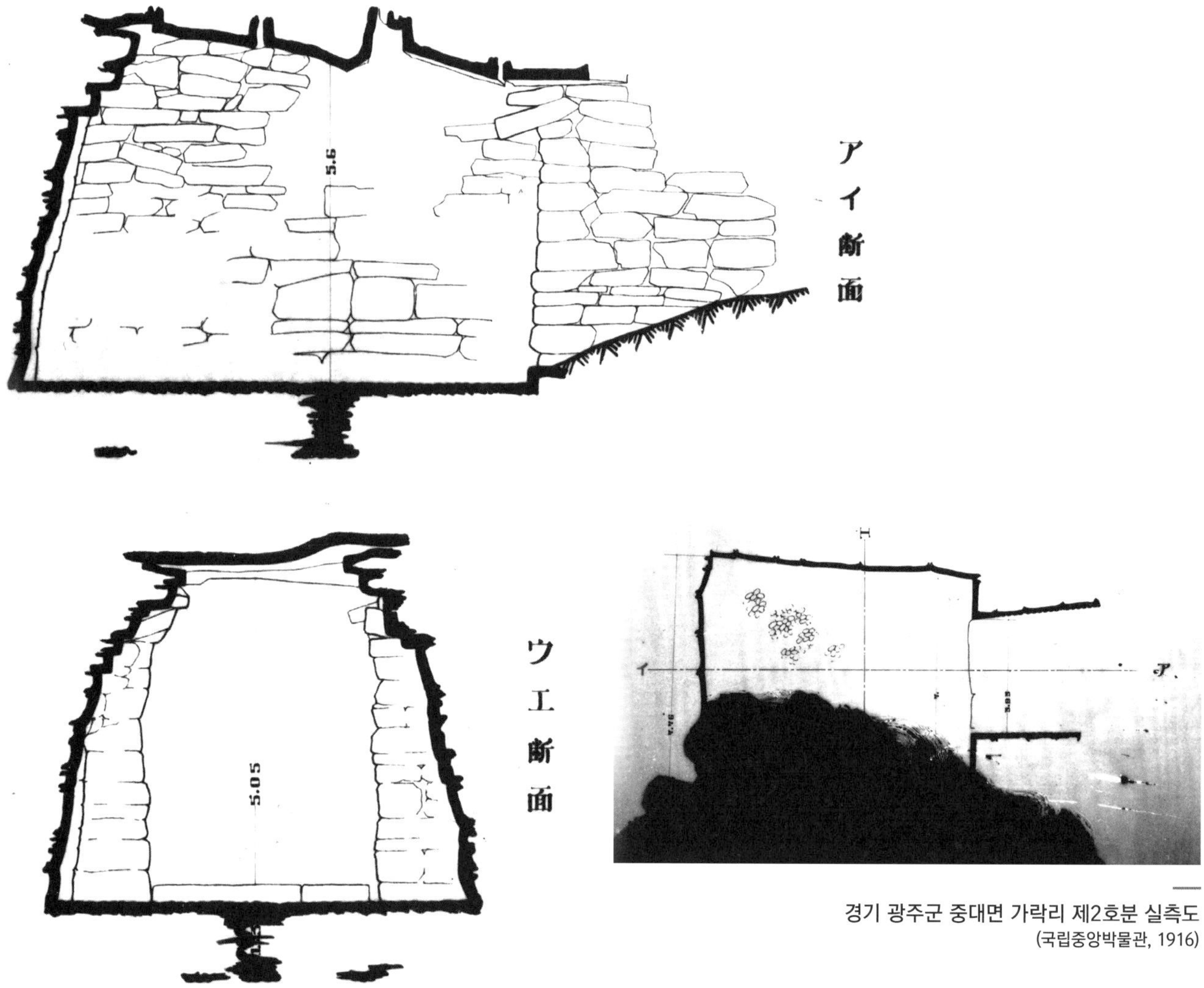

경기 광주군 중대면 가락리 제2호분 실측도
(국립중앙박물관, 1916)

가락리 제2호분 연도출토 와편표면
(국립중앙박물관, 1917)

가락리 제2호분 연도출토 와편이면
(국립중앙박물관, 1917)

1. 석촌동고분군 주변의 유적들

가락동 2호분 옹관묘, 주옹-장동호
높이 46.5(고려대학교 박물관)

가락동 2호분 목관묘 출토 경부돌대호
높이 19.1(고려대학교 박물관)

가락동2 호분 토광묘2 출토 평저단경호
높이 15.3(고려대학교 박물관)

가락동 2호분 봉토출토 흑색마연직구호
높이 17.1(고려대학교 박물관)

가락동 2호분 봉토출토 흑색마연직구호
(고려대학교 박물관)

가락동 2호분 봉토출토 철모
길이 33.6(고려대학교 박물관)

2. 백제 묘제와 석촌동고분군

백제 건국 이전 마한의 토착민들은 땅을 파서 시신을 매장하는 토광묘를 주로 만들었다. 항아리를 이용한 옹관묘도 있었다. 경기 이남에서는 토광묘 주변에 도랑을 파는 전통이 있었다. 서해에 인접한 지역에서는 도랑 안쪽 공간에 흙을 쌓아 돋운 후 거기에 토광을 파는 분구묘가 만들어졌다. 북한강, 남한강, 임진강 등 한강 중상류 지역에는 강변의 모래언덕 위에 흙을 높이 쌓고 외면에 돌을 쌓거나 덮은 거대한 무덤이 만들어졌다. 이들은 즙석 봉토분으로 보기도 하지만, 돌을 쌓았다는 점에서 적석총으로 분류되는 것이 일반적이다. 대부분 강돌을 쌓아 만들었는데, 기단을 두지 않아 무기단식 적석총으로 불린다.

백제의 무덤은 마한의 전통을 계승하는 한편, 땅을 파서 그 안에 만든 석곽에 시신을 매장하고 뚜껑돌을 덮은 수혈식 석곽묘와 진입시설을 갖춘 석실을 마련하여 매장하는 횡혈식 석실분이 등장한다. 한성기에 출현한 이러한 무덤은 웅진기와 사비기 매장시설의 주류를 이룬다.

한편, 횡혈식 석실분은 석촌동고분군에서 확인되지 않았지만, 인접한 가락동고분군과 방이동고분군의 중심 묘제가 되고 있다. 인근의 하남 감일동·광암동, 서초 우면동, 성남 장곡동·판교동에서 확인된 백제 무덤도 이와 같은 것이어서, 백제의 무덤 전통을 한성기에서 웅진기로 이어지는 상황을 보여주고 있다. 다만, 적석총은 한성기에만 존속한 무덤으로서, 석촌동고분군이 한성기의 특수한 묘역이었음을 시사한다.

석촌동고분군에는 토광묘와 옹관묘, 즙석 봉토분, 적석총 등 다양한 무덤이 분포한다. 이 중 즙석 봉토분과 적석총이 대형고분이다.
석촌동의 적석총들은 한강 상류의 적석총과 달리 여러 단의 기단을 갖춘 것으로, 대형 암석에서 채취한 깬 돌로 축조하였다. 적석총은 내외부를 모두 돌로만 쌓은 것과 내부를 흙으로 쌓고 외부만 돌로 축조한 것 등 두 가지가 있는데, 전자를 고구려식 적석총, 후자를 백제식 적석총으로 구분하기도 한다.

「삼국사기」에는 개로왕이 '욱리하(郁里河)에서 큰 돌을 가져다가 곽(槨)을 만들어 부왕의 뼈를 묻었다'는 기록이 있다.
(권25 백제본기3 개로왕18년(472))
이 무덤이 적석총인지 석실분인지 명확히 알 수 없지만, 백제 한성기 후기에 돌을 이용한 대규모 무덤이 축조된 상황을 보여주고 있다.

서울 우면동유적

우면동유적은 서울 남쪽 끝자락에 우면산의 남쪽 비탈진 구릉, 우면산 터널 인근에 위치한다.

백제 한성도읍기의 집자리 및 횡혈식 석실분이 확인되었는데, 석실분은 산비탈을 L자 모양으로 파낸 다음 내부에 돌을 쌓아 석실을 만들었다. 석실의 평면 형태는 네모에 가까운 방형이며, 출입구 시설은 지대가 낮은 쪽 벽 중앙에 연도와 함께 만들었다. 상부구조는 대부분 유실되어 천장 형태를 확인할 수 없지만, 평면 형태의 특성상 궁륭상 천장이었을 가능성이 높다.

무덤 안에서는 살포와 쇠손칼, 쇠도끼 등의 철기 유물이 출토되었다. 특히 다수의 관못과 꺽쇠가 발견되어 주검을 묻을 때 목관을 사용했음을 알 수 있다. 우면동유적의 횡혈식 석실분은 서울지역에서 최초로 확인된 백제 한성도읍기의 횡혈식 석실분이라는 점에서 학술적 가치가 크다.

서울 우면동유적 1호 석실분
(한얼문화유산연구원)

하남 광암동고분군

하남 광암동고분군은 경기도 하남시 광암동 산24-1번지, 북쪽 이성산성과 남쪽 금암산고분군의 경계지점인 해발 100m의 남서사면에 위치하고 있다. 백제 횡혈식 석실분 2기, 통일신라 횡혈식 석실분 2기, 석곽묘 9기 등 총 13기가 확인되었다. 백제 횡혈식 석실분은 산비탈을 L자형으로 파서 석실을 지하에 만들고 천장부만 지상에 드러낸 모습이다. 석실의 평면형태는 장방형이고 연도는 남벽에서 오른쪽으로 치우쳐 달려있다. 유물은 관정, 꺽쇠, 직구단경호, 광구장경호, 금동제 지환, 완, 원형 석제품, 인골, 수골, 합, 대부병, 수저, 고배 등이 출토되었다.

하남 광암동유적 1호 석실분
(세종대학교 박물관)

3. 석촌동고분군의 현황

서울 송파구에 위치한 석촌동고분군은 고대국가 백제를 세운 세력과 한성도읍기 백제 중앙세력의 공동묘역으로 알려져 있다. 일제강점기까지는 서울의 석촌동과 가락동 일대에 갑총으로 표현된 봉토분 23기, 을총으로 표현된 적석총 66기를 비롯해 눈에 띄는 무덤이 매우 많았다고 하나, 현대 서울시의 도시개발로 인해 대부분 파괴되고 지금은 극히 일부의 무덤만 흔적을 보존하고 있다.

가장 이른 시기에 조영된 무덤은 원삼국시대 후기에 해당하는데, 토광을 파고 목관에 주검을 안치한 토광묘, 기존의 무덤에 여러 차례 주검을 덧붙여 묻으며 분구를 키워나가는 분구묘 또는 즙석봉토분 등이 발견되었다. 이를 아직 대형 개인 무덤이 조영되지 못하는 사회 분위기로 해석하기도 한다. 즉, 대형 개인 무덤은 백제 국가 체제가 정비되어 가는 즈음에 이르러서야 고구려계통 적석총으로 나타난다는 것이다.

석촌동고분군에서 적석총이 나타난 후 시간이 지나면서 무덤의 크기와 형태가 한층 다양해진다. 대체로 돌로 봉분을 만드는 적석총이 흙으로 만드는 분구묘보다 훨씬 크다. 같은 적석총이라 하더라도 봉분을 먼저 쌓은 뒤 주검을 안치하는 공간을 구성한 무덤이 다수의 주검을 안치한 뒤 흙으로 봉분을 만들고 그 둘레나 위에 자갈돌을 덮거나 다듬은 돌로 방형 기단을 만든 무덤보다 더 큰 경향이 있다. 그리고 삼국이 본격적으로 전쟁을 벌이는 4세기 후반부터는 기존의 무덤방식 외에도 고구려 적석총처럼 안팎을 모두 돌로 쌓은 거대한 계단식 적석총이 만들어 진다.

1호분은 북분과 남분이 연결된 전체 길이 22.3m 규모의 쌍분이다. 남분은 안팎이 모두 돌로 이루어진 전형적인 고구려식 적석총이지만, 북분은 무덤 내부가 분구로 이루어진 백제식 적석총이다. 1987년 조사에서 남분의 석곽에서 귀이개로 추정되는 은제품이 출토되었다.

2호분은 한 변의 길이가 17m 안팎인 3단의 적석총인데, 내부는 분구로 되어있다. 1987년 시굴조사 시 목관에서 단경호와 철제 도자가 출토되었다.

3호분은 전형적인 고구려식 적석총으로 3단만 남아있지만 원래는 몇 단이 더 있었던 것으로 보인다. 1983년 시굴조사에서는 3단 외곽에 부곽으로 추정되는 석곽이 조사되었으나 이미 도굴된 상태였다. 주변에서 4세기대의 중국 도자기가 출토되었다. 1986년에 이루어진 기단부 조사를 통해 가로 50.8m, 세로 48.4m 규모임이 확인되었으며 금제 영락 등이 출토되었다.

4호분은 3단으로 구성된 백제식 적석총이다. 한 변의 길이는 17.2m이고, 전체 높이는 2.1m이다. 3단의 정상부에서 횡혈식 석실분의 흔적으로도 볼 수 있는 석축 윤곽선이 나타난다는 지적과 이에 대한 논의가 있었으나 아직 분명히 확인되지는 않았다.

한편, 즙석봉토분은 임진강유역과 한강 중상류지역에 분포하는 자연사구 위에 돌을 쌓아 조성한 적석총과 존재시기, 크기, 집단무덤으로서의 성격 등에서 서로 비교되는 점이 있다. 이러한 석촌동고분군의 무덤크기와 형태의 다양성은 고구려나 신라에 비해 백제의 중앙 지배집단의 출자 및 계급과 계층의 복합성을 나타내는 것으로 보기도 한다.

5호분은 4호분의 남쪽으로 250m 되는 지점에 위치한다. 잔존 높이는 2.9m, 장변 17m 정도의 타원형, 혹은 장방형 평면의 즙석봉토분이다. 현재 지름 20m의 원분으로 복원되어 있다.

석촌동고분군에서는 중국제 자기편과 금제 이식, 은제 귀이개 등의 고급품이 출토되어 이 고분군이 지배층의 묘역이었음을 알게 해주며, 4호분 주변 집자리로 보고된 시설에서 발견된 각종 기와 조각들은 무덤 주변에 상당한 의례의 건축물이 있었음을 시사한다.

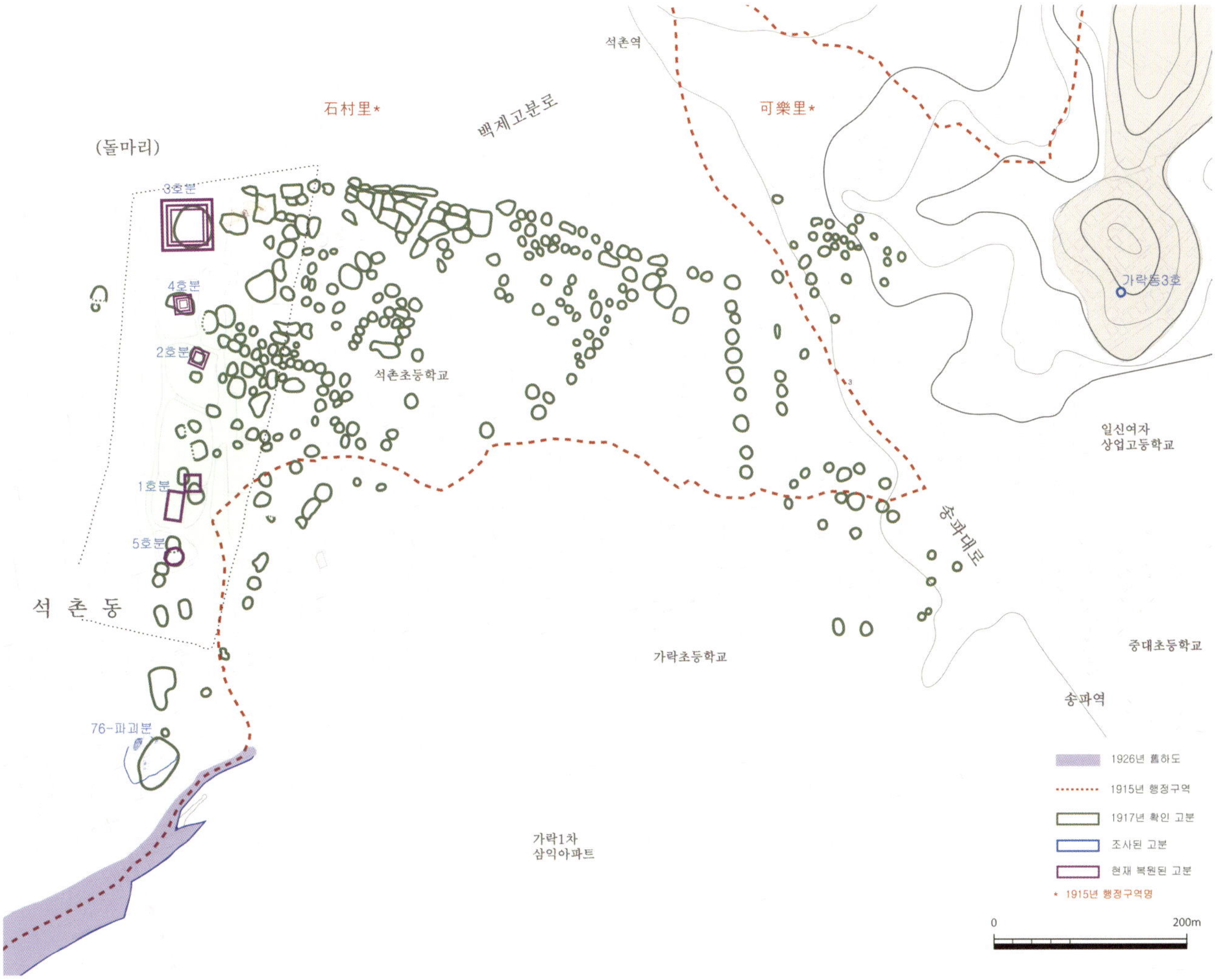

석촌동고분군 위치
조가영, 『석촌동고분군 조성연구』, 서울대학교 석사학위논문, 2012

3. 석촌동고분군의 현황

한성백제박물관 백제학연구소에서는 2015년 석촌동고분군 내 지반 함몰부에 대한 시굴조사에서 확인된 백제 적석총 관련 유구에 대해 정밀발굴조사를 실시하고 있다.

발굴조사 구역은 석촌동고분공원 내 1호분과 2호분 사이에 위치한다. 2016년 발굴조사에서 적석총의 단위유구 10개소, 매장의례관련유구 1기, 목관(곽)묘 2기가 확인되었다.

정밀발굴조사 구역에서 확인되고 있는 적석총의 양상은 동쪽 시굴조사 구역 내 트렌치 및 남쪽 경계부로도 연장되고 있어 대규모 고분으로 확인될 가능성이 높으며 향후 백제 적석총 구조와 성격 규명에 실마리를 제공할 것으로 기대된다.

석촌동고분군 유구 분포도

(국립중앙박물관, 1917)

IV

석촌동고분군 발굴 기록

1. 조사연혁

일제강점기

1911년 일제가 실시한 조선고적조사에서 석촌리일대 지표조사가 이뤄지고, 1912년에는 유적에 대한 전반적인 조사가 이루어졌다. 세키노 다다시(關野貞), 야쓰이 세이이쓰(谷井濟一), 쿠라야마 순이치(栗山俊一) 등에 의해 조사된 것으로 알려져 있다.

1916년에는 고분의 분포와 현상에 대해 간략히 조사하였는데, 제1~4호 적석총의 크기, 상대 위치 등에 대한 기록이 남아 있다. 석촌동고분군에 대한 본격적인 조사는 1917년에 실시된 것으로 보인다. 조사위원인 야쓰이 세이이쓰를 중심으로 측량·제도·촬영을 위한 실무 조사원들이 현장에 파견되었으며, 일대의 고분 분포에 대한 도면 작성과 석촌리 제1~4호 적석총, 제6·7호분, 제 8호분, 가락리 제1호분 및 제2호분 등에 대한 내부조사와 실측이 이루어졌다.

최근 1917년에 작성된 고분 분포도가 공개되었는데, 현재의 석촌동을 비롯한 가락동·방이동 일대에 296기 이상의 고분이 밀집분포하고 있었음을 알 수 있다.

[일제강점기 석촌동고분군 조사내용]

조사일자	조사책임자	조사내용	참고문헌
1911. 9. 1912. 9.	關野貞, (谷井濟一, 栗山俊一)	石村里 지표조사 石村里 일대의 고분분포도 작성	谷井濟一, 1912, 「彙報: 朝鮮通信」, 『考古學雜誌』. 朝鮮總督府, 1914, 『朝鮮古蹟調查報告』. 朝鮮總督府, 1916, 『朝鮮古蹟圖譜』三.
1916. 8.	今西龍	今西龍 石村里 고분의 분포화 현상 기술 石村里 第 1~4號 적석총의 외형 기술 및 사진촬영	朝鮮總督府, 1917, 『大正五年度古蹟調查報告』.
1917. 9.	谷井濟一	石村里 및 芳荑里 일대의 고분분포도 작성 石村里 및 可樂里 고분의 일부 고분에 대한 표본 조사 - 石村里 第 1~4號 적석총 실측 - 石村里 第 6·7號 내부조사(평면도 및 단면도) - 石村里 第8號墳 실측 - 可樂里 第1號墳 실측 - 可樂里 第2號墳 내부조사(평면도 및 단면도)	朝鮮總督府, 1920, 『大正六年古蹟調查報告』. 朝鮮總督府, 1935, 『昭和二年度古蹟調查報告 第二册』. 梅原末治, 1947, 『朝鮮古代の墓制』, 座右寶刊行舍版. 이병호, 2011, 「日帝强占期 百濟 故地에 대한 古蹟調查事業」, 『한국고대사연구』61.

서울대학교 박물관, 2013, 『석촌동고분군I』.

1. 조사연혁

광복이후

석촌동고분군에 대한 본격적인 발굴조사는 1974년부터 잠실 일대의 개발을 계기로 시작되었다. 1974년에는 석촌동 3·4호분, 1975년에는 가락동 3~6호분과 방이동 1호분, 1976년에는 석촌동 파괴분과 5호분 및 방이동 4, 5, 6호분이 조사되었다. 조사 결과 석촌동고분군내 적석총과 즙석봉토분의 구조를 파악하게 되었다. 특히 제 4호분의 제 3단 상부에 매장주체부로 추정되는 석실구조가 확인되었다.

1983년과 1984년에는 3호분의 규모를 확인하기 위한 조사가 이루어졌다. 또한 1984년 3월 고분의 복원안을 마련하기 위해 4호분 내부조사가 실시되었고, 5호분의 규모 파악을 위한 트렌치 조사가 진행되었다. 1986년에는 지하차도 설치로 인해 3호분 동쪽 고분군이 조사되었다. 1987년에는 대학연합발굴이 진행되어 석촌동 1호분 지구는 서울대학교, 5호분 지구 즉 1호분과 2호분 사이는 경희대학교, 2호분 주변은 숭실대학교 팀이 담당하였다.

현재 고분공원 내에는 발굴조사가 실시된 적석총 5기, 즙석봉토분 1기, 토광묘 2기 등 총 8기가 복원되어 있다.

[광복이후 석촌동고분군 조사내용]

연도	조사일	조사기관	조사내용	참고문헌
1969	8.24.	고려대학교 박물관	가락동 1, 2호분	金貞培, 1970, 「可樂洞 土壙墓出土의 黑陶와 甕棺」, 『考古美術』 108. 尹世英, 1975, 「可樂洞 百濟古墳 第一號, 第二號墳 發掘調査略報」, 『考古學』3.
1969	미상	문화재관리국	석촌동 소재 고분 3기	문화재관리국, 「석촌동 백제고분 발굴조사」 (문재1080: 1969년 7월 26일).
1971	3.17.	문화재관리국	석촌동, 가락동, 방이동 일대 지표조사	문화재관리국, 「서울 잠실지구 백제고분 조사계획」 (보고서:1973년 12월 27일)
1974	9.21.~11.11.	서울대학교 박물관 고려대학교 박물관 숭실대학교 박물관	석촌동 3, 4호분 방이동 일대	서울대학교박물관·고고학과, 1975, 『石村洞 積石塚 發掘調査報告書』. 金元龍, 1974, 「10. 서울石村洞石塚 發掘」, 『韓國考古學年報』2. 裵基同, 1982, 「石村洞四號墳옆 住居址出土 百濟土器類」, 『古文化』20. 蠶室地區遺蹟發掘調査團, 1974, 『蠶室地區遺蹟發掘調査報告』
1975	8.19.~9.13.		가락동 3,4,5,6호분 방이동 1호분	蠶室地區遺蹟發掘調査團, 1975, 『蠶室地區遺蹟發掘調査報告』
1976	6.24.~7.21.		석촌동 5호분, 76-파괴분 방이동 4,5,6호분	蠶室地區遺蹟發掘調査團, 1976, 『蠶室地區遺蹟發掘調査報告』 任孝宰, 1976, 「石村洞 百濟初期 古墳의 性格-第五號墳과 破壞墳을 中心으로-」, 『考古美術』129·130.
1983	5.16.~7.2.	서울대학교 박물관	석촌동 4, 5호분	약보고(문화재청 제출)
1984	7.5.~8.21.	서울대학교 박물관	석촌동 3호분	서울대학교박물관, 1984, 『石村洞3號墳(積石塚)復元을 爲한 發掘報告書』. 金元龍·李熙濬, 1987, 「서울石村洞3號墳의 年代」, 『斗溪李丙燾博士九旬紀念韓國史論叢』.

1986	7.2.~9.2.	서울대학교 박물관	석촌동 3호분, 즙석봉토분 외	金元龍·林永珍, 1986,『石村洞3號墳東쪽 古墳群 整理調査報告』. 林永珍, 1988,「서울石村洞 百濟土壙墓 出土 漆器」,『美術史學硏究』179.
1987	3.2.~5.28.	서울대학교 박물관 숭실대학교 박물관 고려대학교 박물관	석촌동 1, 2호분, A호 적석총 석곽묘 외	서울特別市·石村洞發掘調査團, 1987,『石村洞古墳群發掘調査報書』. 金元龍·任孝宰·林永珍, 1989,『石村洞 1·2號墳』, 서울大學校博物館.
2015	5.26~6.10.	한성백제박물관	시굴조사	
	10.18~	〃	발굴조사	

복원된 고분 현황

1. 조사연혁

[석촌동고분군 복원현황]

고분	구분	제원(m)			비고
		높이 (현지표)	너비 (동서)	길이 (남북)	
1호분	적석총	남분-1.1 북분-1	남분-9.6 북분-9.9	남분-9.8 북분-8.9	연접분
2호분	적석총	3.5	16.4	16.5	
3호분	적석총	4.8	50.8	48.4	금제 영락 출토
4호분	적석총	2.62	17.2	17.2	금동 이식 출토
5호분	즙석봉토분	3	17(직경)		
내원외방형 적석총	적석총		16	16	
2호 토광묘	토광묘	0.21	0.76	2.23	
3호 토광묘	토광묘	0.18	0.84	2.30	

2. 일제강점기 조선고적조사사업과 석촌동고분군

유적 분포도

석촌동고분군에 대한 역사적 인식은 일제 총독부에서 1911년 실시한 석촌리 일대에 대한 지표조사에서부터 시작되었다. 이를 토대로 1912년 고분분포도가 작성되었으며, 1916~1917년에는 정밀한 분포조사와 일부 고분에 대한 실측 및 발굴조사가 이루어졌다. 1919~1920년 사이에 제작된 고분분포도에는 석촌동, 가락동, 방이동 일대에 약 2,196기 이상의 고분이 표시되어 있다.

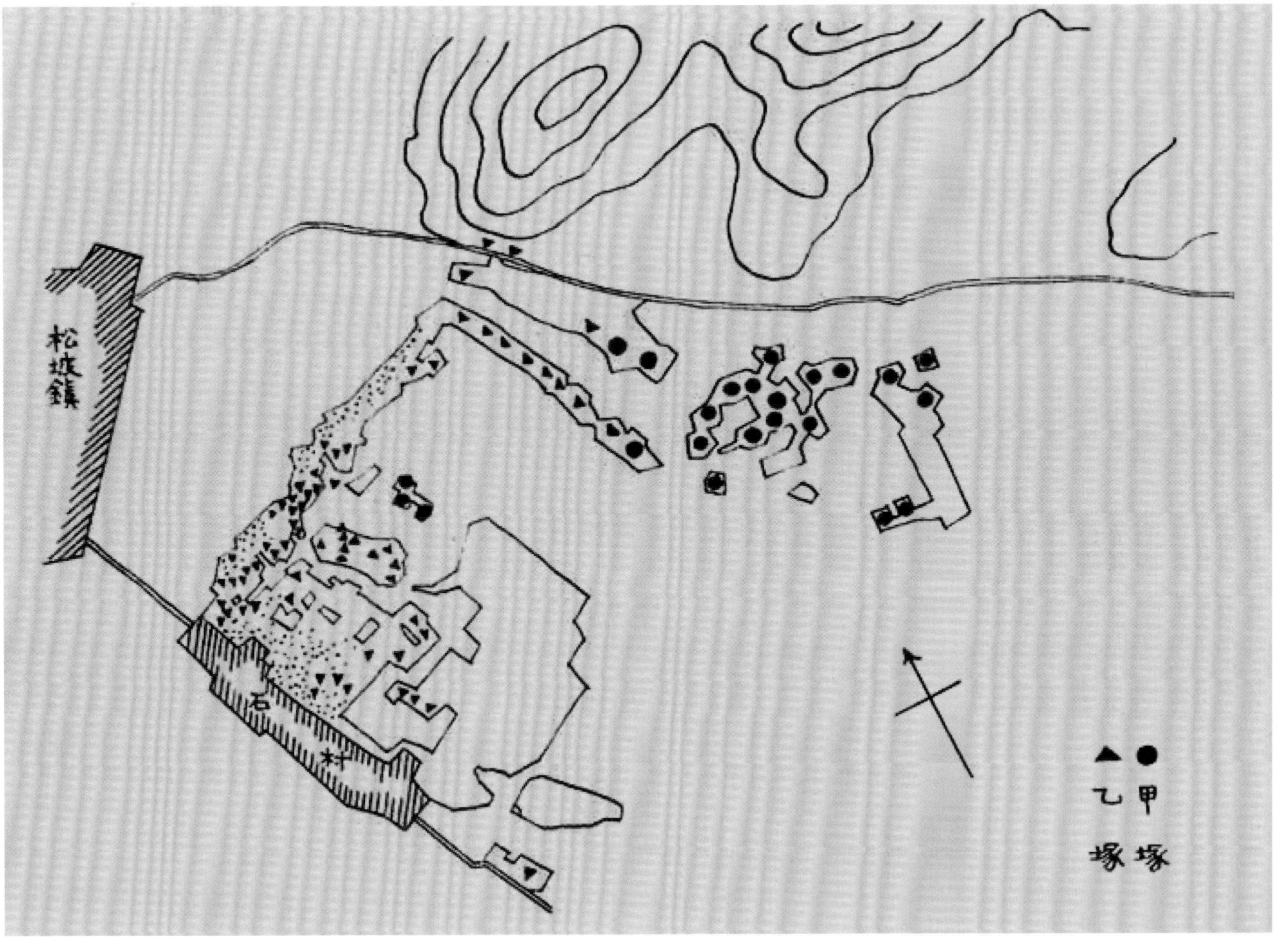

석촌부근 백제고분군 분포도
(조선고적도보 3, 1915)

1916년 간행된 조선고적조사 보고서에 실린 분포도에는 묘제의 형식에 따라 적석총인 갑총(甲塚 ●)과 토분인 을총(乙塚 ▲)으로 나누어 각각 갑총 23기, 을총 66기가 표시되었다.

2. 일제강점기 조선고적조사사업과 석촌동고분군

고분 분포도

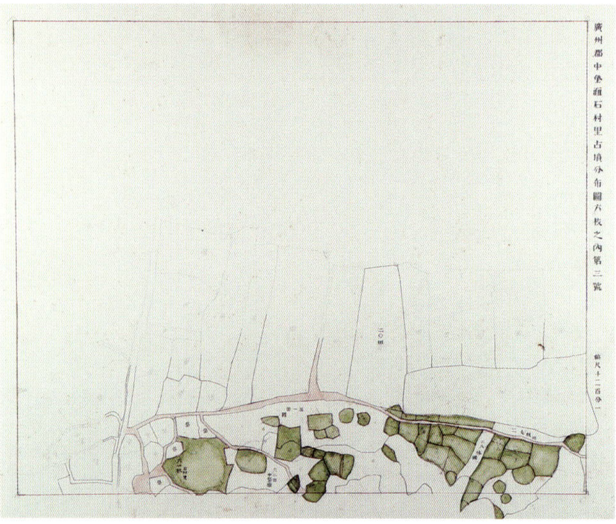

석촌동 일대의 고분 분포도 1

석촌동 일대의 고분 분포도 2

석촌동 일대의 고분 분포도 3

석촌동 일대의 고분 분포도 4

석촌동 일대의 고분 분포도 5

2. 일제강점기 조선고적조사사업과 석촌동고분군

고분 분포도

석촌동 일대의 고분 분포도
(국립중앙박물관, 1917)

앞의 1~5번 분포도를 하나로 조합하여 보면
당시 석촌동고분군 전체 현황을 파악할 수 있다.

2. 일제강점기 조선고적조사사업과 석촌동고분군

실측도

석촌부근 백제고분 발견 철정
(조선고적도보 3, 1915)

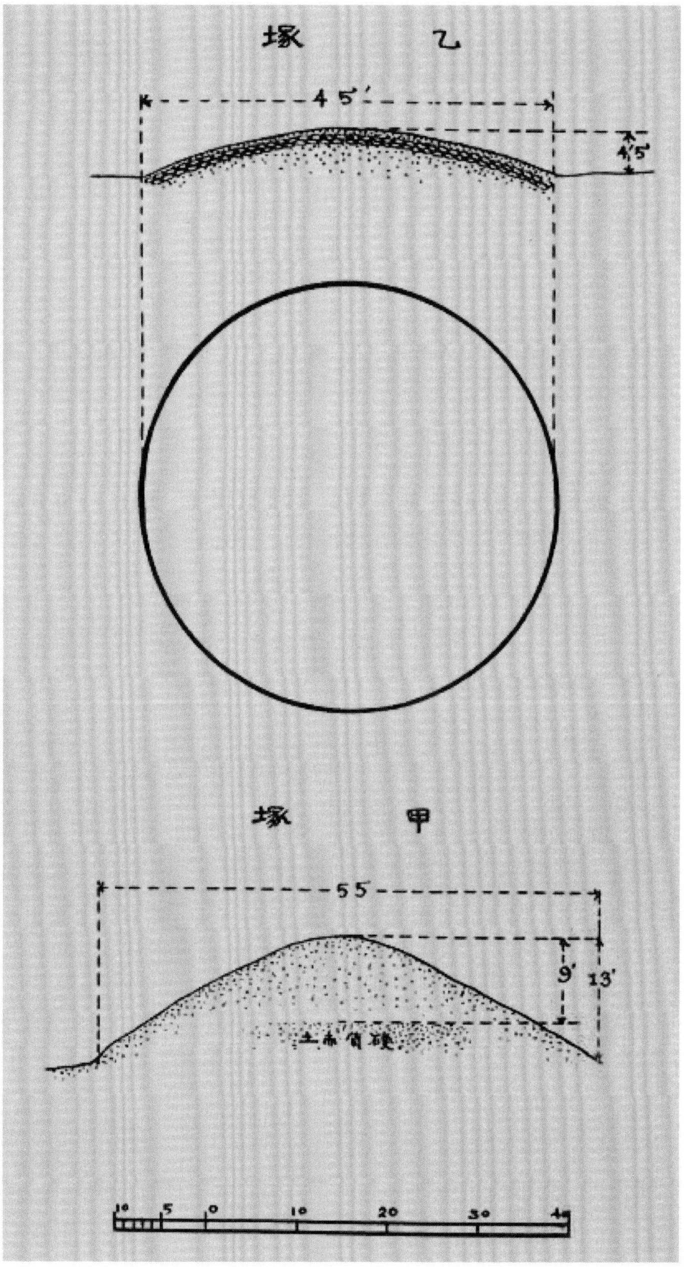

석촌부근 백제고분군 실측도
(조선고적도보 3, 1915)

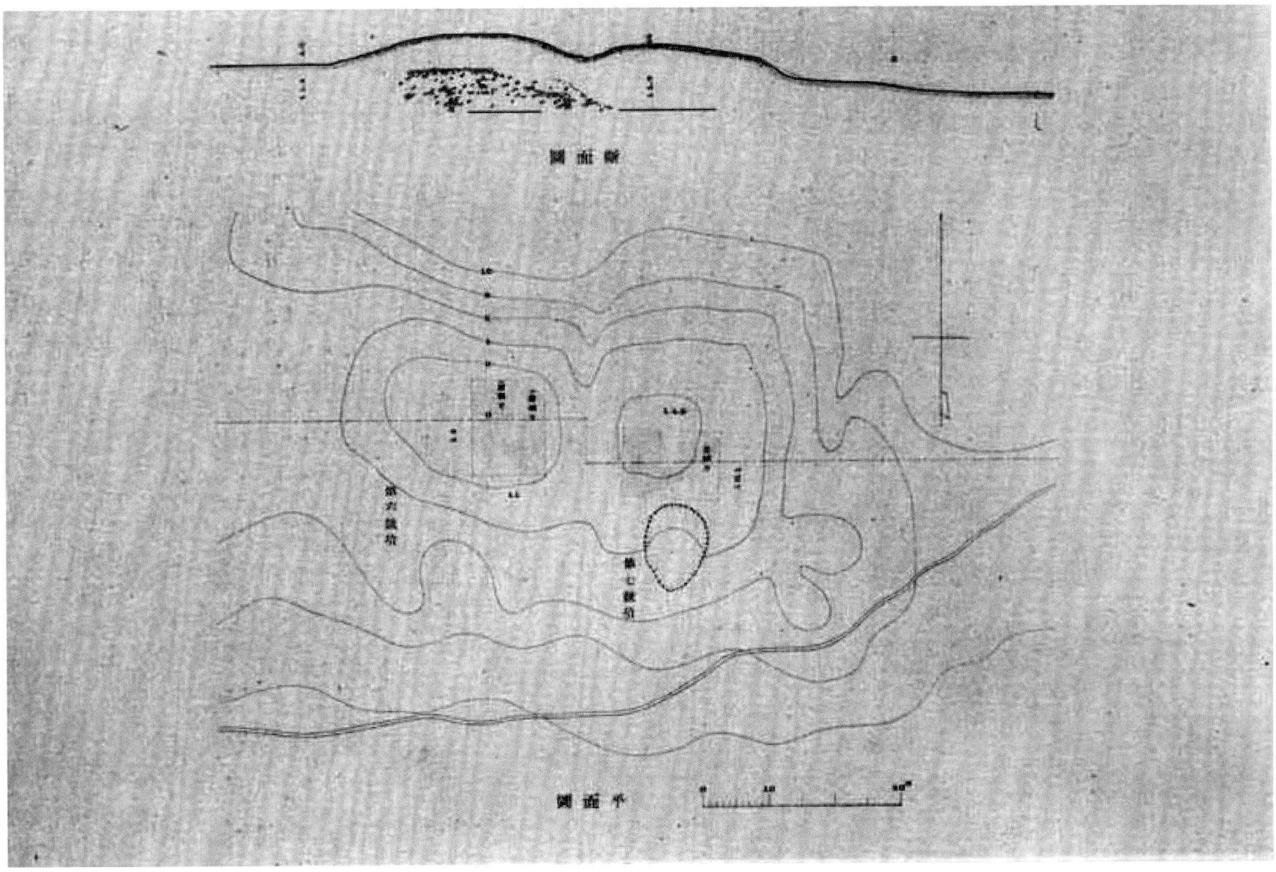

석촌리 제6호분과 제7호분 실측도
(소화2년도 고분 조사 보고, 1927)

2. 일제강점기 조선고적조사사업과 석촌동고분군

유리건판 사진자료

대정5년도(1917) 고적조사보고에 따르면 당시 석촌동고분군은 "석촌 마분(石村 馬墳)"이라 불리었다고 한다. 이는 병자호란 때 청나라 군대의 군마(軍馬)들을 장사지냈다고 전하는 얘기에서 유래하였다.

그런데 조사자는 마을사람들이 가옥을 짓기 위해 적석총을 평평하게 허물고 작은 석재들로 민가의 담장을 연접하여 쌓아서 '석촌'이라는 이름을 갖게된 것으로 보고하였다.

또한, 적석총의 석재(石材)는 지름 1척(尺) 내외이고 남한산의 암석과 석질이 같으며 토총의 봉토 중에도 석재와 자갈돌이 섞여 있다고 보고하였다.

석촌동고분군 전경
(국립중앙박물관, 1916)
제1적석총의 남쪽에 있는 토총의 위에서 촬영,『大正五年度 古蹟調査報告』 게재.
위 고적조사보고서에 의하면 당시 석촌리 마을사람들은 소형 봉우리가 5개가 있다하여 이 무덤들을 총칭하여 '오봉산(五峰山)으로 불렀다고 한다.

석촌동적석총 일부 제1적석총 전경
「大正五年度 古蹟調査報告」
(국립중앙박물관, 1916)

고분외형
「大正五年度 古蹟調査報告」
(국립중앙박물관, 1916)

백제초기 적석총 제1호분(지금의 제3호 적석총)
「大正五年度 古蹟調査報告」
(국립중앙박물관, 1916)

2. 일제강점기 조선고적조사사업과 석촌동고분군

석촌동 백제초기적석총 제1호분
(국립중앙박물관, 1916)

석촌동 백제초기적석총 제1호분
(국립중앙박물관, 1916)

석촌동 백제초기적석총 제1호분 내부
(국립중앙박물관, 1916)

2. 일제강점기 조선고적조사사업과 석촌동고분군

적석총 외형
(국립중앙박물관, 1916)

발굴중인 고분 내부
(국립중앙박물관, 1916)

석촌리 제1호분 내부
(국립중앙박물관, 1920)

석촌동 제1호적석총 내부
(국립중앙박물관)

2. 일제강점기 조선고적조사사업과 석촌동고분군

석촌동 제1호적석총 내부
(국립중앙박물관)

석촌리 제6호분 출토 토기편
(국립중앙박물관, 1917)

석촌리 제6호분과 제7호분 출토 토기편, 석촉, 철정
(국립중앙박물관, 1917)

2. 일제강점기 조선고적조사사업과 석촌동고분군

석촌리 제7호분 봉토상층 출토 주자
(국립중앙박물관, 1917)

석촌리 제7호분 봉토상층 출토 발
(국립중앙박물관, 1917)

석촌리 제7호분 출토 토기편
(국립중앙박물관)

1970년대 초반 잠실개발계획의 일환으로 문화공보부 문화재관리국이 주관하여 유적조사계획을 수립하였다. 당시 백제 건국과 관련된 지역으로 석촌동 일대가 주목받았고, 이에 따라 우선 백제고분의 시대적 성격을 구명하고 매장문화재를 확보하기 위해 가락동 1·2호분과 석촌동 소재 고분 2기에 대한 본격적인 유적 발굴조사가 시행되었다. 이 조사는 석촌동고분에 대한 우리나라 고고학계 최초의 조사였다. 특히 가락동 2호분에 대한 조사로 단일 봉분 내에 복수의 매장주체부가 있는 것과 봉분 표면을 즙석(葺石)하는 구조를 확인했고, 흑색마연토기·이중구연호 등이 수습되었다. 1971년 3월 실시한 현장조사에서 석촌동 5기, 가락동 6기, 방이동 8기 등 총 19기의 고분이 확인되었다. 이를 바탕으로 서울대학교 박물관은 1974년 석촌동 3·4호분, 1976년에는 석촌동 파괴분과 5호분을 발굴조사 하였다. 이로써 서울지역에 소재한 적석총이 집안·통구 지역의 고구려 적석총과 유사한 구조인 것이 확인되었다. 또한 석촌동 4호분은 계단식 적석총으로 3단 상부에 매장주체부로 추정되는 횡혈식 석실을 갖추고 있음을 파악할 수 있었다. 그 결과, 1975년 5월 27일에 석촌동고분군은 사적 제243호로 지정되었다.

3. 1970년대 강남개발과 석촌동고분군

잠실지구 지표조사로 확인된 고분군 전경
(서울대학교 박물관, 1971)

3. 1970년대 강남개발과 석촌동고분군

3호분 지표조사 당시 서쪽 훼손상태
(1971)

3호분 서쪽 훼손단면
(1971)

3호분 서쪽 훼손단면
(1971)

4호분 지표조사 당시 전경-남에서
(1971)

3. 1970년대 강남개발과 석촌동고분군

4호분 조사 전 전경-동남에서
(1974)

4호분 조사 후 전경-북에서
(1974)

4호분 조사 후 전경-동남에서
(1974)

4호분 주변 '주거지' 추정 시설
(1974)

3. 1970년대 강남개발과 석촌동고분군

5호분 조사 전 전경
(문화재관리국, 1971)

5호분 조사 전 개토제
(문화재관리국, 1971)

5호분 조사 전 전경
(문화재관리국, 1971)

5호분 남서쪽 절개 단면
(1976)

3. 1970년대 강남개발과 석촌동고분군

76-파괴분 조사 전 전경
(문화재관리국, 1973)

76-파괴분 조사 전 전경
(1976)

3. 1970년대 강남개발과 석촌동고분군

76-파괴분 조사 전경
(문화재관리국, 1973)

76-파괴분 조사 모습
(서울대박물관, 1976)

76-파괴분 출토 대부호
높이 17.1

76-파괴분 출토 뚜껑
높이 2.2

76-파괴분 실측도

1983년과 1984년에는 석촌동 3호분 상부와 주변 민가가 철거됨에 따라 3호분 규모를 확인하기 위한 조사가 이루어졌다. 이를 통해 3호분이 남북 폭 43.7m에 이르는 대형분임이 밝혀졌다. 이에 따라 3호분 복원 계획이 수립되었고, 사적범위가 확대되어 추가 지정되었다.
또한, 1984년 3월과 4월에 고분 복원을 위한 4호분 내부와 주변 시설에 대한 조사 및 5호분의 분구 트렌치 조사가 이루어졌다. 1986년에 석촌동 3호분의 일부를 훼손하면서 설계된 백제 고분로가 지하차도로 변경됨에 따라 해당 공사구간에 대한 조사가 이루어졌다. 석촌동 3호분 동쪽고분군으로 알려진 조사지역에서는 토광묘, 옹관묘, 즙석봉토분, 화장유구 등 다양한 묘제가 확인되었다.

4. 1980년대 유적정비사업과 석촌동고분군

석촌동고분군의 위기

1983년 5월 석촌동고분 사이를 뚫는 도로확장공사 때 포클레인 삽날로 잘린 단면에서 백제시대 인골이 드러났다. 당시 이형구 한국정신문화원 교수가 그 참혹한 광경을 발견하고 언론에 이를 알렸다. 학계와 언론에서는 백제유적의 보전문제를 인식하여 백제왕릉급 고분인 3호분을 지나가는 당시 석촌로(1983년 이후 백제고분로로 변경)를 지하로 뚫도록 변경시켰다. 또한 문화재위원회가 사적의 지정면적을 기존의 1,513평에서 4,928평으로 넓히는 계기가 되었다.

3호분 북쪽 전경
(이형구, 1982)

3호분 사적 부분(철책 내)
(이형구, 1982)

4호분 서쪽 전경
(이형구, 1982)

4호분 남쪽 사적 보호구역 표말'
(이형구, 1982)

3호분 15m 동쪽의 파괴된 백제 옹관
(이형구, 1983)

3호분 인근의 인골 노출 상태
(이형구, 1983)

4. 1980년대 유적정비사업과 석촌동고분군

3호분 조사 전 전경-고분 남쪽
(1983)

3호분 조사 전 전경-고분 남쪽
(1983)

3호분 조사 전 전경-고분 서쪽
(1983)

3호분 전경-서에서
(1984)

4. 1980년대 유적정비사업과 석촌동고분군

3호분 남쪽 기단 노출 상태-서에서
(1983)

3호분 C트렌치 내 '석곽'추정 시설-동에서
(1984)

3호분 서쪽 복원 광경-북에서
(1986)

3호분 출토 금제 영락

4. 1980년대 유적정비사업과 석촌동고분군

3호분 실측도
(1984)

정부는 강남지구 도시개발로 야기된 백제고분 훼손 문제에 대해 '백제고분로'의 기존 지상도로계획을 바꿔 지하차도를 건설하여 보존하고 백제왕릉 복원 및 사적지정 범위를 확대하기로 하였다. 아래 사진은 당시 노신영 국무총리의 석촌동 순시 장면이다.

3호분 전경
(국가기록원, 1985)

노신영 국무총리 석촌동 방문
(국가기록원, 1985)

4. 1980년대 유적정비사업과 석촌동고분군

3호분 동쪽 발굴조사 이전 모습-동에서
(1986)

3호분 동쪽 발굴조사 이전 모습-서에서
(1986)

3호분 동쪽 A지역 조사 전경
(1986)

3호분 동쪽 B지역 조사 전경
(1986)

4. 1980년대 유적정비사업과 석촌동고분군

5호 토광묘 세부
(1986)

5호 토광 칠기 노출
(1986)

5호 토광 출토 칠기

5호 토광 출토 칠기

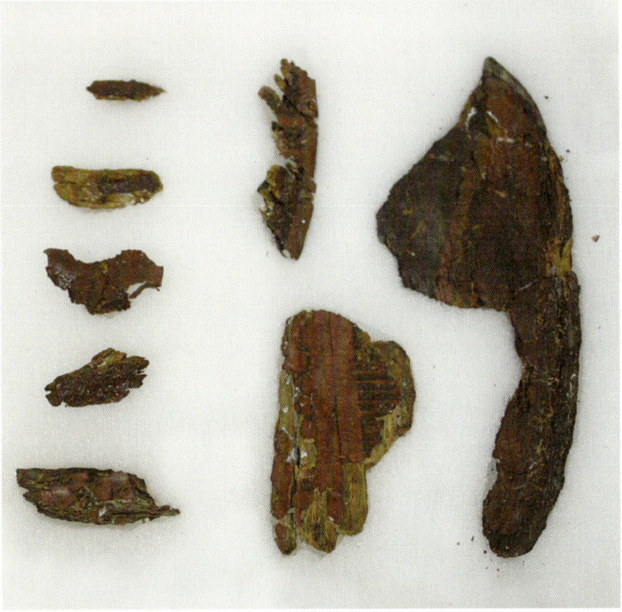

5호 토광 출토 칠기

5호 토광 출토 칠기

4. 1980년대 유적정비사업과 석촌동고분군

즙석봉토분 전경
(1986)

즙석봉토분-남에서
(1986)

즙석봉토분-동에서
(1986)

즙석봉토분 절개부 단면
(1986)

4. 1980년대 유적정비사업과 석촌동고분군

도로에 노출된 1호 옹관
(1983)

석곽옹관묘
(1983)

석곽묘 조사 후 전경
(북에서)

4. 1980년대 유적정비사업과 석촌동고분군

A지역 7호 토광묘 출토 난형호
높이 28.2

A지역 8호 토광묘 출토 청자 사이호
높이 23.9

즙석봉토분 출토 평저단경호
높이 15.5

즙석봉토분 출토 고배
높이 6.7

4. 1980년대 유적정비사업과 석촌동고분군

제1적석 출토 대부잔
높이 11.4

화장유구 출토 평저유견호
높이 14.9

4호분 조사 후 전경-동남에서
(1984)

4호분 조사 후 전경-남에서
(1984)

4. 1980년대 유적정비사업과 석촌동고분군

4호분 동벽 지탱석 모습-동에서
(1984)

4호분 내부 조사작업-서에서
(1984)

4호분 실측도 및 축조 방법 모식도

4호분 출토 수막새(앞)
길이 12.7

4호분 출토 수막새(뒤)
길이 12.7

4호분 출토 직구호
높이 15.2

4호분 출토 병
높이 11.7

4. 1980년대 유적정비사업과 석촌동고분군

5호분 조사 전 전경
(1984)

5호분 조사 전경
(1984)

5호분 청동환 출토 모습
(1984)

5호분 남쪽 수습 직구호
높이 17.8

5호분 남쪽 수습 직구호
높이 27

4. 1980년대 유적정비사업과 석촌동고분군

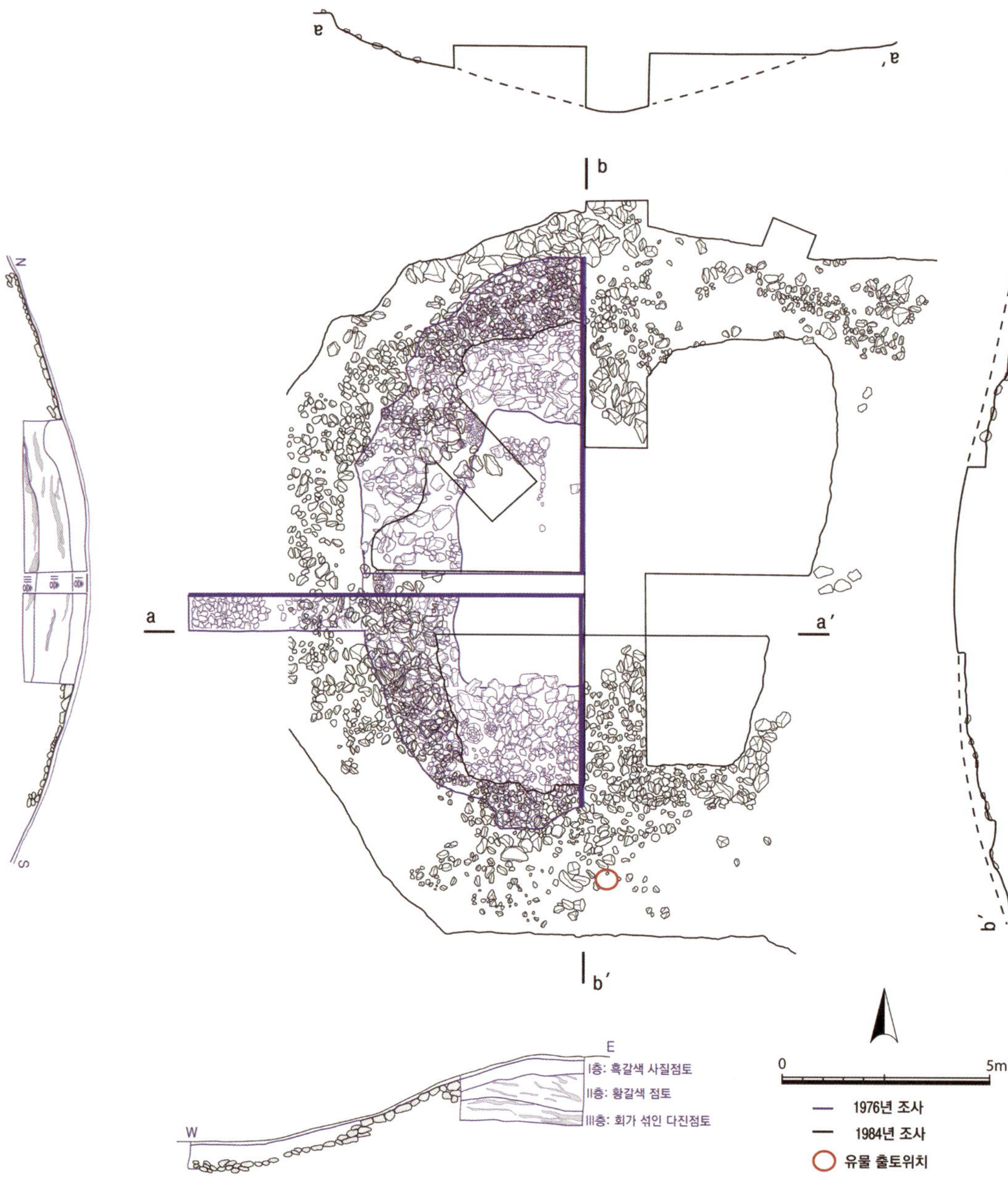

5호분 실측도

5호분 남쪽 수습 심발형토기
높이 9

5호분 남쪽 수습 병
높이 20.5

5호분 남쪽 수습 대부직구소호
높이 8

4. 1980년대 유적정비사업과 석촌동고분군

5호분 남쪽 수습 쌍호
높이 6.1

5호분 남쪽 수습 소호
높이 7

대학연합 발굴

1987년에는 사적지 내부의 민가가 철거되고, 고분 공원 범위에 대한 전면적인 조사가 이루어졌다. 이 조사는 대학연합발굴로 이루어졌는데, 1·2호 적석총 지역은 서울대학교 박물관, 5호분 주변 지역은 경희대학교 박물관, 2호분과 4호분 주변지역은 숭실대학교 박물관이 맡아서 조사하였다. 이 조사는 ㄱ자 트렌치를 조사범위 전면에 설치한 다음, 유구 주변을 확장하는 방식으로 이루어졌다.

숭실대학교 발굴조사 구역에서 확인된 고분은 석곽묘 2기(제1·2호), 토광묘 2기(제1·2호)이다. 1987년 발굴조사 결과, 지상에 보이는 적석총 이외에 지하에도 수많은 백제고분이 남아 있음을 알 수 있었다.

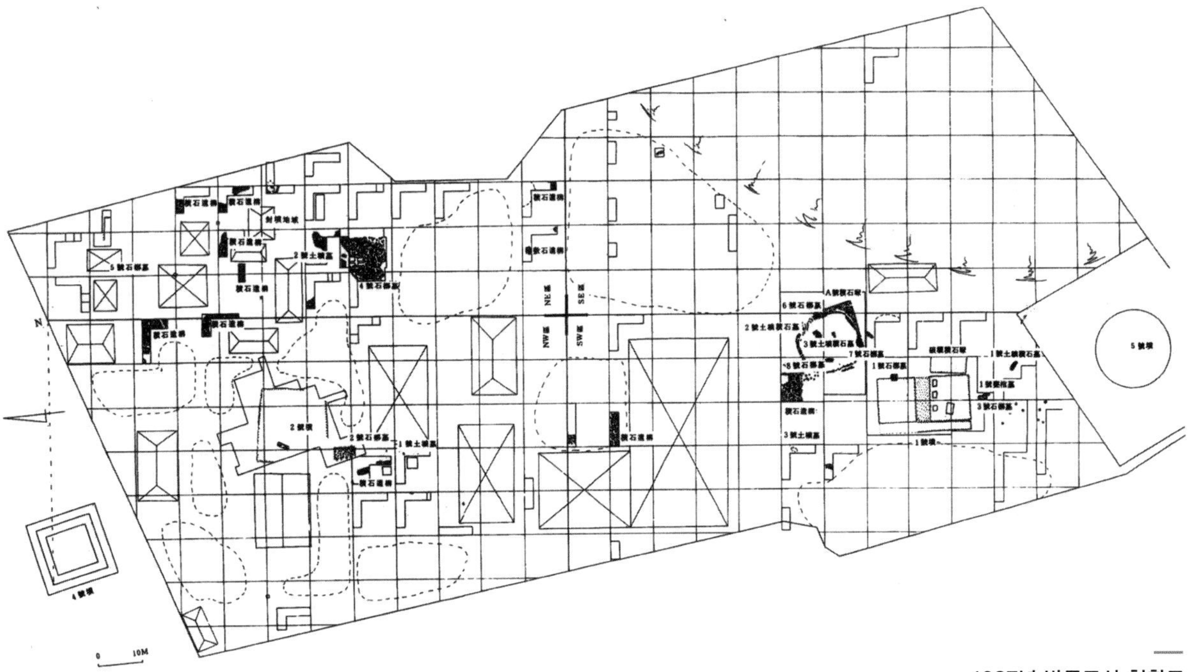

1987년 발굴조사 현황도

경희대학교 발굴단은 5호분 북쪽(오른쪽), 숭실대학교 발굴단은 2호분 주변, 서울대학교 박물관은 1호분과 2호분을 조사하였다.

4. 1980년대 유적정비사업과 석촌동고분군

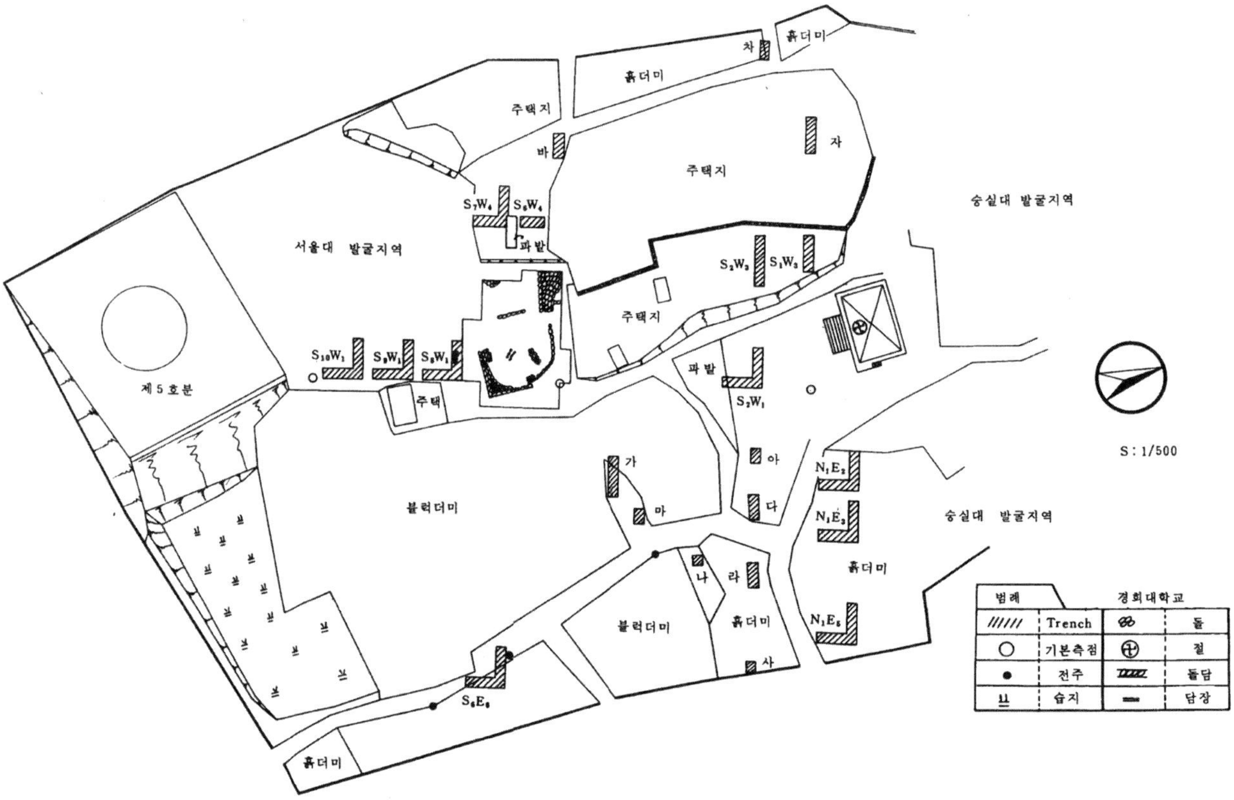

경희대학교 발굴지점 현황도(5호분 북쪽)

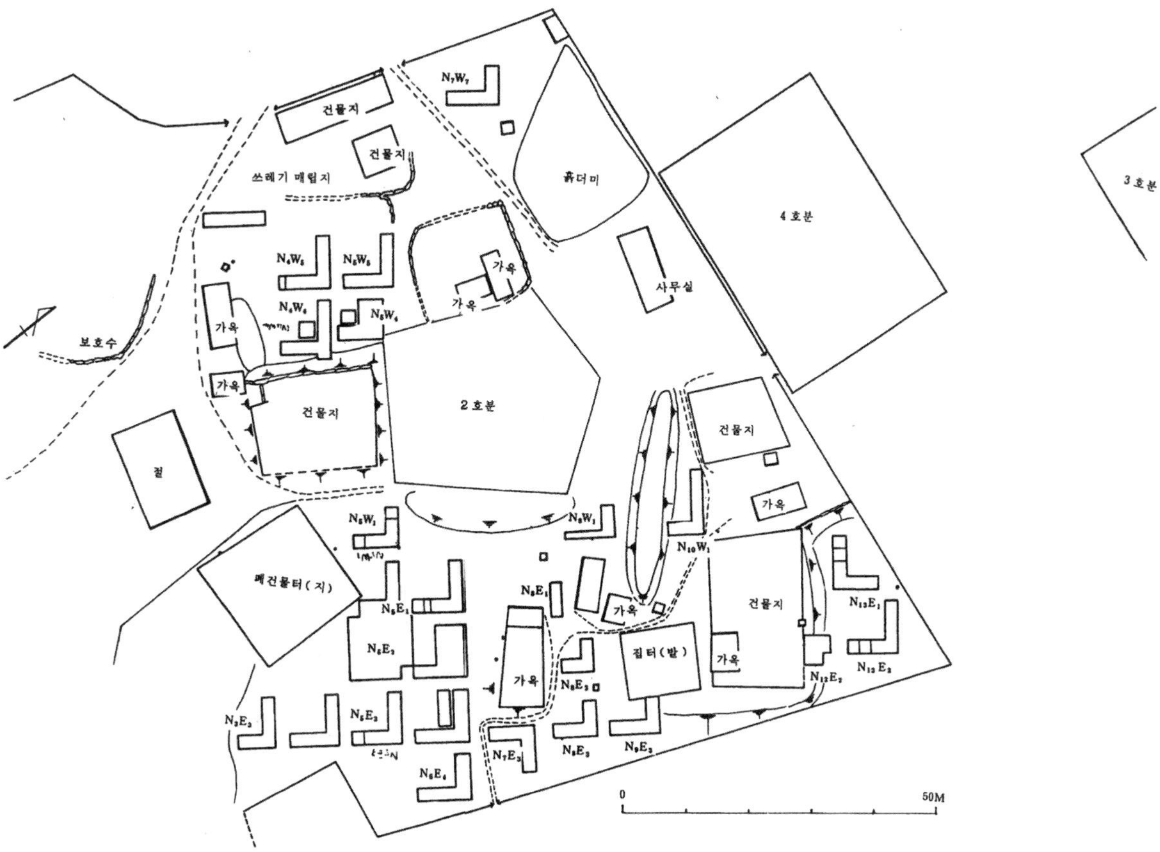

숭실대 발굴지점 현황도(2호분 주변)

4. 1980년대 유적정비사업과 석촌동고분군

1호분 조사 전-남에서
(1987)

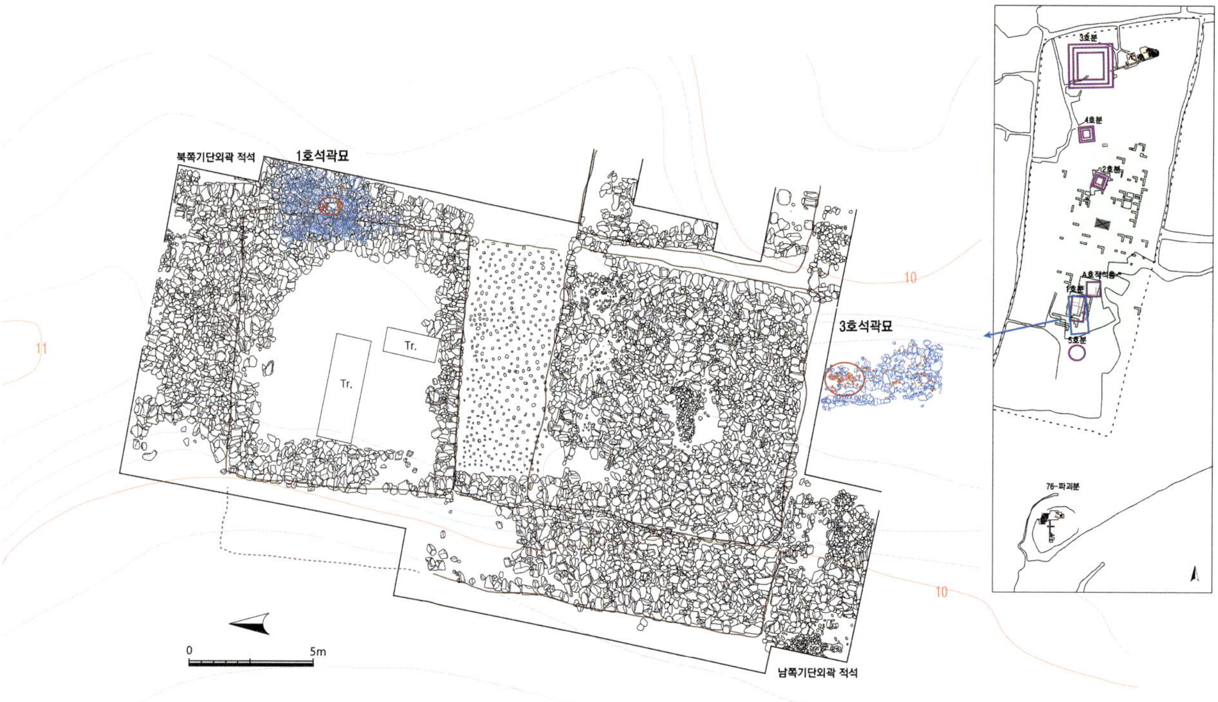

1호분 일대의 유구 배치

1호분 조사 후-남에서
(1987)

1호분 남분-서에서
(1987)

4. 1980년대 유적정비사업과 석촌동고분군

1호분 남분-동에서
(1987)

1호분 북분 내부 트렌치 조사 후 전경-서에서
(1987)

1호분 북분 주변 출토 평저단경호
높이 15.3

1호분 북분 기단 외곽
적석부 출토 심발형토기
높이 11.5

1호분 주변 수습 직구단경호
높이 15.4

4. 1980년대 유적정비사업과 석촌동고분군

1호 석곽묘 조사 전경-남에서
(1987)

3호 석곽묘 조사 전경-남에서
(1987)

2호분 동-서 트렌치 조사 과정 및 즙석양상-서에서
(1987)

2호분 동-서 트렌치 조사 과정 및 즙석양상-서에서
(1987)

4. 1980년대 유적정비사업과 석촌동고분군

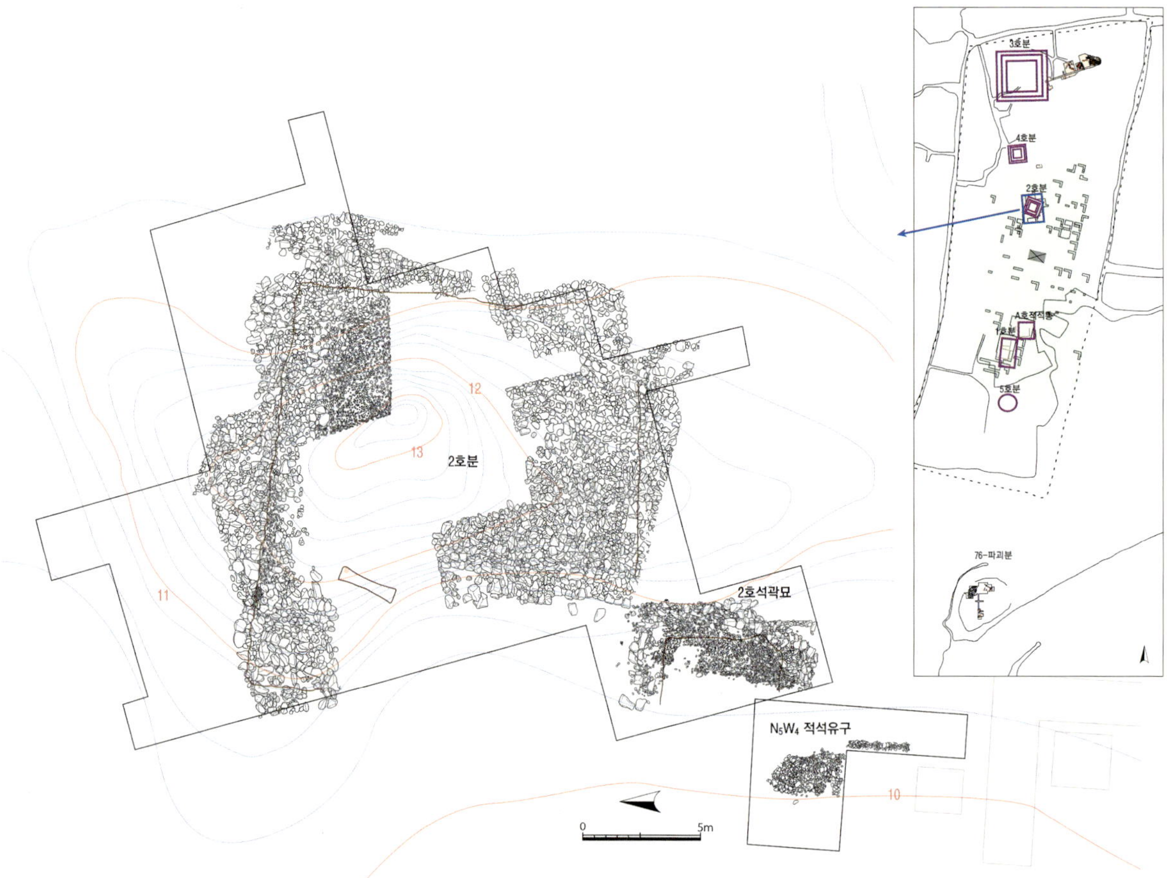

2호분 일대의 유구 배치

2호분 출토 직구단경호
높이 18.2

2호분과 2호 석곽묘
(1987)

2호 석곽묘 조사후 전경
(1987)

4. 1980년대 유적정비사업과 석촌동고분군

숭실대학교 발굴단의
2호분 주변 발굴현장 전경

2호분 남쪽 발굴 모습

'ㄱ'자 형태로 땅을 파서 유적의 존재를 파악하고 고분이 확인되면
넓게 확장하여 발굴조사 하였다.

전경사진

조사단은 발굴에 앞서 2호분 남쪽 60m 지점에 기준점을 두고 5호분과 2호분 사이의 조사 범위를 10m 단위의 바둑판 모양으로 구획하였다. 사진은 기준점이 설치된 지점이다.

4. 1980년대 유적정비사업과 석촌동고분군

NE지구
발굴조사 당시의 2호분 동쪽 상황

N4E3 트렌치
석렬이 확인되었다.

N5E2 트렌치

깬돌을 정연하게 깔아둔 유구가 확인되었다.

N6E2 트렌치

4. 1980년대 유적정비사업과 석촌동고분군

N6E3 트렌치

점토와 석재 기단을 쌓은 고분의 일부가 노출된 것으로 보인다.

N6E4 트렌치

석재 1매만 확인되었지만,
점토는 고분을 만들기 위해 쌓은 것일 수 있다.

N7E3 트렌치

적석총의 석축열이 확인된 모습

N8E1 트렌치

다수의 석재가 확인된 N8E1 트렌치모습
주변에 민가의 살림살이가 보인다.

4. 1980년대 유적정비사업과 석촌동고분군

N8E2 트렌치

N8E2 트렌치에서는 많은 깬돌과 강돌이 확인되었다.
적석총이 존재할 가능성을 보여준다.

N8E3 트렌치

N12E2 트렌치

쌓아올린 점토층 위에서 석재가 노출되었다.

N13E1 트렌치

N13E1 트렌치에서는 석재가 확인되지 않았다.
고분을 만들기 위해 점토를 쌓아올린 부분이거나,
유적이 없다는 의미일 수 있다.

4. 1980년대 유적정비사업과 석촌동고분군

N13E2 트렌치

NW지구

N3W6 트렌치

4. 1980년대 유적정비사업과 석촌동고분군

N4W4 트렌치

N4W5 트렌치

N5W5 트렌치

N7W7 트렌치

5. 30년 만에 다시 발굴된 석촌동고분군

한성백제박물관은 2015년 석촌동고분군에 대한 발굴조사를 재개하였다. 석촌동 1호분과 2호분 사이에서 작은 구덩이가 발생한 것이 계기가 되었다. 석촌동고분군이 마지막으로 조사된 1987년 이후 거의 30년 만에 다시 발굴이 시작된 것이다.

발굴구역은 1987년 경희대학교 조사단이 시굴한 구역과 겹쳐 있다. 구덩이는 이전에 있던 민가에서 활용하던 우물의 매몰토가 함몰되면서 발생한 것인데, 우물의 벽면에서 적석총의 기단이 확인되어 전면 발굴로 이어졌다. 이 발굴조사에서 그동안 알려지지 않았던 새로운 적석총이 확인되었다. 고분 위에 건물들이 들어서면서 이미 심하게 파괴된 상태였지만, 적석총의 기단석렬이 뚜렷이 드러났다.

적석총은 작은 단위의 적석총 여러 기가 사방으로 연결된 구조를 보이고 있다. 이러한 구조의 고분을 연접분이라 한다. 사방 40m 구간에서 확인된 것만 10기 이상인데, 조사 범위 밖으로 연장되고 있어 상당히 대규모 고분이었을 것으로 보인다. 각 단위 적석총은 내부가 점토인 것과 돌로 채워진 것이 공존하고 있어 1호분에서 확인된 양상과 흡사하며, 파괴가 심하여 하부 구조만 남아 있는 점도 동일하다.

2015년부터 진행된 발굴조사 현장

발굴구역의 남쪽(왼쪽)에 5호분과 1호분이,
북쪽(오른쪽)에 2호분이 복원되어 있다.

5. 30년 만에 다시 발굴된 석촌동고분군

발굴현장 전경

발굴조사에서 그동안 알려지지 않은 새로운 적석총이 확인되었다. 이 고분은 북쪽의 3호분에서 남쪽의 5호분을 거쳐 76-파괴분이 만들어진 길고 얕은 구릉의 능선상에 자리잡고 있다.

새로 확인된 적석총은 작은 단위의 적석총 여러 기가 서로 연결된
구조의 연접분이다. 40m 구간에서 10기가 확인되었다.
조사 범위 밖으로 연장되고 있어, 상당히 대규모의 고분이었을 것으로 보인다.

5. 30년 만에 다시 발굴된 석촌동고분군

적석총은 내부가 점토인 것과 돌로 채워진 것 등 두 가지이다. 이들은 방향을 맞추어 연결되어 있고, 연결부위를 흙이나 돌로 채운 것도 있다.

제5호 적석총 단위(2016)

안쪽에 점토를 다져 올리는 동시에 그 외면에
기단을 만들고 쌓는 가운데, 점토와 기단 사이에 돌을 채웠다.

5. 30년 만에 다시 발굴된 석촌동고분군

석촌동고분군의 적석총은 점토를 치밀하게 다져 성토한 기초 위에 축조되었다.
기단 석축 기초부 안팎에도 점토를 치밀하게 다져 쌓았다.
백제인의 토목 공법을 잘 보여준다.

1호 목관묘 전경
(2016)

1호 목관묘 부강유물 및 꺽쇠 출토 상태
(2016)

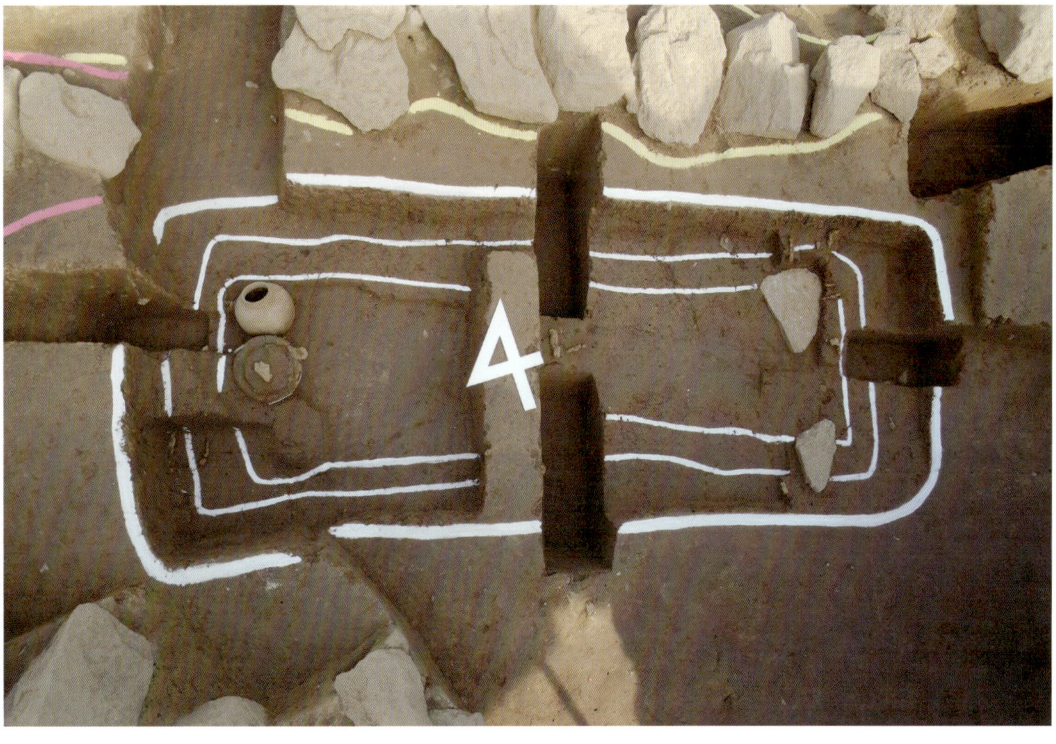

2호 목관(곽)묘 조사 후 전경
(2016)

5. 30년 만에 다시 발굴된 석촌동고분군

유물집중부 수혈 내 토기 출토 상태
(2016)

유물집중부 퇴적층 내 금제 귀걸이 출토 상태
(2016)

유물집중부 퇴적층 내 와당 출토 상태
(2016)

5. 30년 만에 다시 발굴된 석촌동고분군

토기

기와

와당

5. 30년 만에 다시 발굴된 석촌동고분군

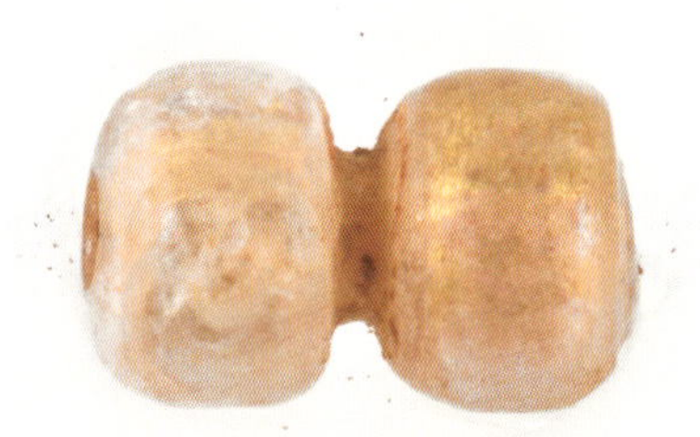

금박구슬

유물집중부 출토 유리구슬

철모

금제 귀걸이

세환 및 영락

5. 30년 만에 다시 발굴된 석촌동고분군

토기

토기 및 중국 자기

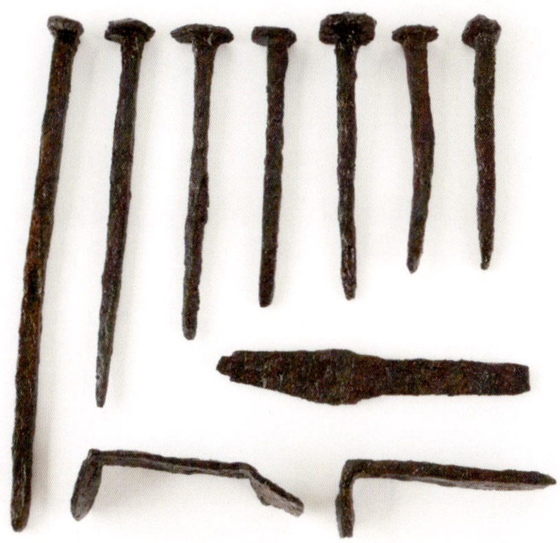

철정, 꺾쇠, 도자

V

석촌동고분군 기억의 산물들

1. 언론으로 본 석촌동고분군

1970년대

밝혀진百濟初무덤樣式

가락洞 고분發掘 90%진척

밝혀진 백제 초 무덤양식
(동아일보, 1969. 9. 2)

黑色土器를 발굴

우리나라最初 서울 가락동 百濟古墳서

흑색토기를 발굴
(경향신문, 1969. 9. 13)

初期百濟古墳消失직전

서울市 잠실地區 開發計劃에 밀려

불도저로 마구 파헤쳐

指定보호·開發前발굴時急

초기 백제고분 소실 직전
(동아일보, 1972. 5. 1)

1969년 가락동 2호분 발굴조사 소식부터 1972년 잠실지구 개발계획에 밀려 백제고분 소실 우려가 기사화되었다. 당시 학술대회 및 문화재 보호 캠페인 등으로 지정 보호가 필요하다는 주장이 제기되어 강남 지역의 백제 유적들이 위험에 처했음을 알 수 있었다.

1. 언론으로 본 석촌동고분군

사진告發 쇠망치에 박살나는 이 百濟초기의 遺跡地

서울 석촌洞서 <사진·글 南基載기자>

요즈음 「알고」 「찾고」 「가꾸자」는 문화재 보호 캠페인이 한창이다. 팔당(八堂)댐 완공일이 가까와지자 한강유역 금남里 새벼동지의 선사시대 유적지 발굴이 문제되고 서울시의 잠실지구개발계획에 따라 성동區 가락洞 석촌洞동지의 중요한 백제(百濟) 초기 유적지들이 도시화 물결에 밀리기 한발 앞서 지적이라도 된것이 다행이다.

그러나 뜻이있어 이곳을 찾는 사람이 있다면 한창 벌이고있는 문화재보호캠페인이 얼마나 무기력한 운동인가를 통감하게된다.

일제하 1916년 성동區일대의 고적조사보고에 의하면 방이洞 가락洞 석촌洞일대에만 42기의 백제시대 초기것으로 보이는 봉토분(封土墳), 적석총(積石塚) 그리고 횡혈식석실분(橫穴式石室墳) 등이 있다고 기록돼있다.

지금은 어떤가.

「百濟초기 풍납洞 土城과 연관된 저석총지대 같다」(金基雄씨의말·前우석대강사·考古學)는 석촌洞일대에 사람의 손길이 닿기시작하자 狀態의 돌부터 하나씩 하나씩 자취를 감춰가고 있다.

석촌洞133 일대의 돌을 관리하고 주문에 따라 1트럭에 5千원씩 다듬어 팔기도한다는 韓有昆씨(64·석촌洞거주)의 『우리야 돌멩이가 文化財인줄 어떻게 압니까. 알려주는 사람도 없고 말리는 사람도 없으니 좋은 벌이인줄만 알고있지요』라는 대답이 차라리 그럴듯하게 들리는 현실이다.

쇠망치에 박살나는
이 백제초기의 유적지
(동아일보, 1972. 5. 18)

百濟史蹟地에도 햇볕을

서울 石村洞 積石塚발굴 學術大會서 主張

民間에 불하…湮滅위기直面

公園地帶로 指定…보호토록

백제사적지에도 햇볕을
(경향신문, 1974. 10. 22)

保存시급한 石村洞古墳

高句麗「피라미드」형 積石塚

南韓지역에선 유일한 分布

管理당국과 住民협조 여부, 成敗 가름

百濟초기 것인 서울石村洞 4호古墳의 발굴광경.

보존 시급한 석촌동고분
(중앙일보, 1974. 11. 12)

석촌동 3호분 동쪽 50미터 지점에서 대형적석총을 비롯한 발굴 성과가 지면에 소개되고 석촌동 고분군이 새롭게 백제초기 유적으로서 가치를 인정받았다.

百濟史蹟 집중개발

觀光·歷史학습장으로 활용하게

내년 芳荑洞고분·石村洞석총淨化

遺蹟 정밀조사도 벌여

백제사적 집중개발
(동아일보, 1982. 11. 23)

천대받는 市文化財

무관심으로 날로 荒廢化…江南이 심해

石村洞百濟고분엔 흙·돌더미쌓여

東廟돌담옆은 쓰레기 적치장으로

살곶이다리도 토사로 교각묻혀가

어린이놀이터가 돼버린 백제시대 적석총.

쓰레기적치장으로 사용되고 있는 동묘근처.

쓰레기더미와 토사에 묻혀 모습을 잃어가는 살곶이다리.

천대받는 시 문화재
(동아일보, 1983. 1. 27)

1. 언론으로 본 석촌동고분군

百濟고분 크게 훼손

서울石村洞 도로공사로 基壇잘려

묘역엔 無許건물 10여채

백제고분 크게 훼손
(경향신문, 1983. 5. 28)

漢江유역 百濟遺蹟보존 시급

學界서 빗나간 開發정책 규탄

石村洞古墳파괴는 反文化的행위
半徑2㎞ 이내 開發보류지역으로

서울시의 도로확장공사로 훼손된 石村洞고분. 학계는 한강유역 백제전기유적에대한 근본적인 보존대책을 촉구하고나섰다.

慰禮城시대의 생활상·古代 韓半島세력分布 연구의寶庫

朴正鎭 기자

한강유역 백제유적 보존 시급
(경향신문, 1983. 7. 7)

石村古墳 장식품 서울 石村洞 고분군에서 발굴된 瓔珞(사진위 3개)과 금귀걸이(사진아래 2개). 瓔珞은 금관 또는 금귀걸이에 붙였던 것으로 보이는 장식품이다. 瓔珞이 발굴됨으로써 이곳에 금관도 묻혀졌다가 도굴당한 것으로 추정된다. 금귀걸이는 細環式으로 장식없이 둥근 부분만 남아왔다. 〈7면에 관련기사〉〈金東哲기자〉

석촌고분 장식품
(동아일보, 1986. 8. 12)

百濟유물 수백점 나와

서울 石村洞고분서 金製영락등 출토…王陵추정

서울江東구石村동 백제3호분 동쪽고분군에서 金製細環式 귀걸이2점, 金製瓔珞3점, 중국東晋시대青磁四耳壺, 백제토기등 유물 수백점이 나왔다.

또 이 일대에서 적석총 옹관묘 토광묘 토광적석묘 봉토분등 여러 형태의 묘제가 발견됐다.

지난 7월초부터 이지역을 발굴조사하고 있는 서울대박물관팀(단장 金元龍교수)은 12일 그동안의 발굴조사결과를 이같이 밝히고 서기3、4세기경 이 일대는 토광묘 옹관묘들의 묘지였으며 4세기 후반부터 5세기에 걸쳐 여기에 왕릉으로 추정되는 대형 적석총이 들어선 것으로 보인다고 발표했다.

출토유물중 金製細環式귀걸이는 수식부가 없이 단순한 형태였다. 또 금관주위에 늘어뜨리는 장식인 金製瓔珞이 발굴됨으로써 금관도묻혔으나 도굴당한것으로 조사단은 추정했다.

東晋시대 青磁는 오랫동안 흙속에 묻혀있어서 青磁빛깔은 나지않고 황갈색을 띠고 있었다.

한편 여기서 출토된 옹관묘 7기중 6기는 두개의 항아리를 맞붙인 쌍옹식이며 각 항아리의 크기는 길이60~80㎝, 지름40~60㎝였다.

또한 토광묘 5기는 크기가 1백80×70×10~25㎝정도였으며 여기에서는 토기 2개、쇠칼 쇠창등이 출토됐다.

한편 이 고분군역에 있는 대형 적석총은 4세기후반경 축조된 백제왕릉으로 추정되고있다.

金元龍교수는 한변이 50m나되는 대형묘제는 고구려에서도 한두 예밖에 없는 왕릉급 무덤으로 이시기에 平壤까지 공격했었던 近肖古王이 무덤의 주인공일 가능성이 있다고 말했다.

金박사는 또 東晋에서 수입해온 青磁四耳壺는 백제초기 중국南朝와 직접 교류가 있었다는 결정적인 물증이며 3호고분에서 출토된 옥을 가는 돌은 삼국시대 백제에서 曲玉이 제작됐다는 증거자료로 귀중하다고 평가했다.

백제유물 수백점 나와
(동아일보, 1986. 8. 12)

대형積石塚 1基 발굴

서울石村洞 百濟古墳 조사단 3號墳 동쪽 50m 지점서

曲玉가공 硏石도 나와

서울강동구石村洞 백제고분을 발굴중인 서울대박물관(조사단장 金元龍)은 11일 3호 적석총(積石塚)부근에서 4세기말에서 5세기초에 축조된 대형적석총 1기를 새로이 확인했다.

이적석총은 3호분에서 동쪽으로 50m쯤떨어진곳에 서쪽과 북쪽의 기단부가 각기 20m쯤 뻗어있었다.

기단부는 50㎝가량의 잘다듬어진 돌로 쌓여있었는데 3·4호분과같이 [illegible] 것으로 추정된다.

발굴단은 이적석총의 드러난 기단부 크기로 미뤄 규모는 4호분정도크기(한변17.2m)로 보고있다.

3호분의 복원정비를 위해 주택가를 철거한 일대에서드러난 이대형 적석총은 일제강점기에 일본학자들이 조사간행한 朝鮮古蹟圖譜에도 실려있지않은것이므로 초기 漢城시대의 백제사연구에 귀중한 유적이 될것으로 기대된다.

석총의 안쪽에서 옹관묘7기(雙甕式6기 石槨內單甕1기) 토광묘5기 토광적석묘2기 봉토분1기등의 유구를 확인했다.

또 3호분 동쪽40m쯤의 도로옆에서 백제인의 것으로 보이는 인골이 수습됐다.

인골은 머리 가슴 팔등 상반신이 거의 완형의상태로보존돼있었다. 특히 두개골의 부위에는 하얗게 흰머리카락이 붙어있어 무덤의주인공이 노인이었을 것으로 조사단은 추정했다.

1천6백~1천7백년전의 [illegible] 발굴되기는 이번이 처음이로 당시인의 형질학적연구등 한국 고대사연구에 획기적인 자료가 될것으로 평가된다.

인골의 머리맡에는 높이15~20㎝의 회색및 [illegible]색토기 3점이 가지런히 놓여있었다.

이번 확인된 유구중 [illegible] 옹관은 이곳외에 백제중기 도읍지인 公州지역에서만 출토됐으며 토광적석묘는 公州지역에서는 찾아볼수없는 것이며 백제지배층묘제 연구에 귀중한 자료가 [illegible]

특히 토광위에 막돌을 한두겹 덮은 토광적석묘는 이지역에서 함께나온 직장토광묘 목관토광묘와 묘제의 상관관계를 갖고 있어 학계의 주목을 받고있다.

조사단은 이번 발굴에서 금제귀고리2점 금제영락 3점 철제 [illegible] 3점 팔1점 토기등 40여점의 유물을 수습했다.

제3호 적석총에서는 특히 응회암으로 만든 옥연석(玉硏石)이 출토됐는데 이는 초기백제인이 玉을 연마, 가공했었다는 사실을 입증해주는 [illegible]

또한 토광적석묘주변에서는 東晋시대(317~420)의 청자四耳壺 1점과綠釉토기조각들이 나왔다.

이는 백제초기의 세력집단으로 이곳에 정착한 사람들이 바다건너 중국과 밀접한 관계가 있었음을 나타내고 있다.

한편 金元龍단장은 「이일대는 3, 4세기경 토광묘 옹관묘들의 묘지였으며 4세기후반부터 5세기에 걸쳐 대형적석총들이 들어선 것으로 보인다」고 말했다.

〈李儁기자〉

대형 적석총 1기 발굴
(경향신문, 1986. 8. 12)

玉硏石 국내 처음出土

東晋시대青瓷·金귀걸이등 10여점도

잠실 石村洞 百濟고분서

서울江東區石村洞 백제고분군 제3호분 동쪽 일대를 발굴중인 서울大박물관 발굴단(단장 金元龍)은 이 고분에서 12일 국내 최초로 玉硏石 1점을 비롯, 중국 東晋시대(317~420) 청자 1점、金製細環飾귀걸이 2점、金製영락 3점、鐵製칼 3점、槍 2점、백제흑색토기 10여점등을 발굴했다。

이밖에 積石塚 1기、옹관묘 7기、토광묘 5기、봉토묘1기、토광적석묘 2기등의 고분 遺構도 확인했다。

金元龍박사는 국내 최초의 발굴인 玉硏石은 曲玉을 만드는 원석을 깨뜨려 다듬은후 모서리를 죽이고 표면을 부드럽게 만드는 도구라고 밝혔다。

발굴된 東晋 청자 四耳壺(높이 30㎝)는 부서진 상태로 출토된것을 복원시켰는데 당시 漢城백제와 東晋간의 교류를 확인해주는 중요자료다。발굴단은 이번발굴로서기 3、4세기께 이일대는 토광묘·옹관묘등의 묘지였으며 4세기 후반부터 5세기에 걸쳐 대형 積石塚들이 들어선 것으로 추정했다。

발굴단은 이 일대가 夢村土城을 중심한 백제 都城에 살던 사람들의 묘지였음을 확인했다。

서울市는 서울 古都민족문화유적 종합복원계획에따라 石村洞 3호고분을 곧 복원정비할 예정이다。

서울江東區 石村고분군에서 출토된 中國東晋시대의 青瓷 四耳壺。〈사진=金炯洙기자〉

옥연석 국내 처음 출토
(중앙일보, 1986. 8. 12)

1. 언론으로 본 석촌동고분군

1980년대

百濟는 中國과 교류 활발했다

서울 石村고분서 東晋시대 유물출토의 의미

3호墳 積石塚은 近肖古王 무덤인듯

曲玉제작기구 玉研石발굴은 큰 수확

서울강동구 잠실石村고분군에서 출토된 積石塚의 돌무더기.

石村 3호분에서 나온 유물들. 아래가 국내 최초인 玉研石. 위가 철발등 신석기대 유물. <金炯洙기자>

백제는 중국과 교류 활발했다
(중앙일보, 1986. 8. 13)

베일벗은 초기百濟文化

石村동 積石塚 4C末~5C初 축조

역사

토광墓 첫발굴 墓制史수정 불가피

국내 최초로 발굴된 土壙積石墓.

베일벗은 초기 백제문화
(경향신문, 1986. 9. 13)

왕릉급雙墳 발굴

서울石村서 百濟토기·銀製머리꽂이등 出土

백제초기의 왕릉급 고분과 절터가 발견됐다.

石村洞백제초기고분을 발굴중인 서울대 慶熙大 崇實大등 3개大 합동조사단(단장任孝宰)은 사적공원안에서 백제고분으로는 처음으로 다곽식 쌍분(多槨式雙墳)을 발굴했다고 17일 발표했다.

<관련기사10면>

5호분 북쪽으로 30m쯤 떨어진지점에서 발견된 이고분은 적석총(積石塚)으로 가로 세로가 각각 10.1·10.2m, 10.1·8.1m크기의 두 고분을 3m간격을 두고 이어 장방형으로 만든뒤 서쪽으로 3.1m길이의 단을 이어붙인 구조로 밝혀졌다.

상부구조는 완전 파괴되었으나 석곽의 바닥면은 그대로 남아있었는데 내부에서는 4개의 석곽이 확인되었고 그안에서는 백제토기편과 은제(銀製) 머리뒤꽂이가 출토됐다.

왕릉급 쌍분 발굴
(경향신문, 1987. 5. 16)

石村고분 출토 木棺에서 한반도 最古 漆器片발견

초기百濟 「톱니바퀴무늬」 復元처리

서울大박물관 공개

서울대박물관(관장任孝宰)은 서울江東구石村동 3호분의 동쪽 고분군에서 발굴된 4호및5호 木棺에서 2세기말~3세기초의 초기 백제漆器片을 발견했다고 14일 발표했다.

4호및 5호 목관은 86년 여름 발굴됐는데 그동안 서울대박물관팀이 문화재연구소에서 과학적 처리과정을 거쳐 그 안의 유물을 분류한 결과 쟁반(盤) 2개 사발(鉢) 2개 귀달린 잔(耳盃)의 칠기가 확인된 것이다. 목재부분은 부식돼 마멸되고 칠 표면만 남아있었다.

한반도내에서의고대칠기유물은 주로 BC1~AD1세기에걸쳐 만들어진 樂浪칠기가 있고 公州 武寧王陵(6세기)에서 출토된 頭枕과 足枕에 장식된 칠기, 慶州 안압지에서 나온 통일신라시대(8세기)것이 있을뿐이다. 任관장은 石村洞출토칠기조각이 중국계통의 낙랑것을 제외하면 한반도에서 나온 것중 가장 앞선 것이라고 밝혔다.

이 칠기조각들을 硬化처리해 유리표면에 붙여 부분적이지만 복원을 시도한 박물관의 李仁淑연구원은 낙랑의 칠기무늬가 花鳥 唐草紋등 곡선인데 비해 이번에 수습된 칠기의 무늬는 鋸齒紋(톱니바퀴무늬)이라고 밝혔다. 李연구원은 이같은 무늬의 차이는 중국에서 大同江을 통해 유입된칠기문화가 漢江에 이르면서 독자적인 문화를 이룩했음을 뜻한다고 풀이했다.

중국의 칠기는 청동기시대부터 시작, 전국시대와 漢代에 성행했다.

이날 조각들을 모아 공개한 칠기들은 쟁반의 경우 지름이 32cm 23cm, 사발은 직경23cm 17cm, 잔은 바닥직경이 18cm 크기였다. 이들 칠기의 목재는 모두 향나무였으며 처음에 전체적으로 흑갈색 칠을 바르고 그위에 朱漆을 하는 수법을 사용했다.

서울대박물관은 이들 칠기를 포함해 고고 민속 역사자료 6백15점을 17일부터 4월16일까지(오전 10시~오후 4시 토요일은 12시)박물관(중앙도서관6층)에서 열리는 「신입생을 위한 한국고대유물전시회」에 전시한다.

석촌고분출토 목관에서 한반도 최고 칠기편 발견
(동아일보, 1988. 3. 15)

국내最古… 3세기 漆器5점 출토

서울 石村洞 百濟前期고분서

직선무늬등 木工藝 귀중자료

한반도에서 제작된 칠기(漆器)중 가장 오래된 것으로 추정되는 칠기 5점이 서울大박물관(관장 任孝宰)에 의해 출토되었다.

서울大박물관 발굴팀은 지난해 서울松坡區石村洞百濟前期고분의 토광묘에서 칠기조각을 발굴, 이를 보존처리한 결과 기하학적 직선무늬와 톱니바퀴무늬를 확인했다. 이같은 발굴칠기의 무늬는 樂浪시대의 곡선무늬와는 다른 것으로 국내제작이었음을 확인케하는 것이라고 발굴팀은 밝혔다.

3세기께의 국내제작칠기가 발견됨으로써 지금까지 통일신라시대나 公州武寧王陵 출토칠기등 6~7세기 칠기밖에 확인하지 못했던 고고학계는 초기삼국시대의 목공예에 대한 귀중한 자료를 얻게됐다.

발굴된 칠기는 바닥지름 32·4cm、높이 4·7cm의 쟁반과 사발등이다.

국내최고‥‥3세기 칠기5점 출토
(중앙일보, 1988. 3. 17)

1. 언론으로 본 석촌동고분군

1990년대

석촌동 3호분 동쪽 50미터 지점에서 조사된 대형적석총을
비롯한 발굴 성과가 지면에 소개되고 석촌동 고분군이 새롭게
백제초기 유적으로서 가치를 인정받았다.

石村洞 백제고분군
연내복원 공원으로

서울시는 1일 석촌동246일대 백제고분군 복원공사를 12월초까지 끝내 시민공원및 역사교육장으로 운영키로 하고 마무리작업에 들어갔다. <사진>

시는 75년 이 일대 1만7천평의 백제초기 고분군을 사적243호로 지정, 83년부터 1백50억원의 예산을 들여 고분6기 복원및 길이 1천62m의 자연석담장 건축, 산책로 조성등 작업을 해왔다.

시는 공원내에 9백15평 규모의 주차장과 함께 벤치·휴지통·공중변소·음수대등 편의시설을 갖출 예정이며 고분군보호를위해 7월석촌지하차도를완공했다.

석촌동 백제고분군 연내 복원 공원으로
(중앙일보, 1990.10. 1)

2. 석촌동고분군 조사 보고서

조선총독부, 1915,
『조선고적도보 3』.

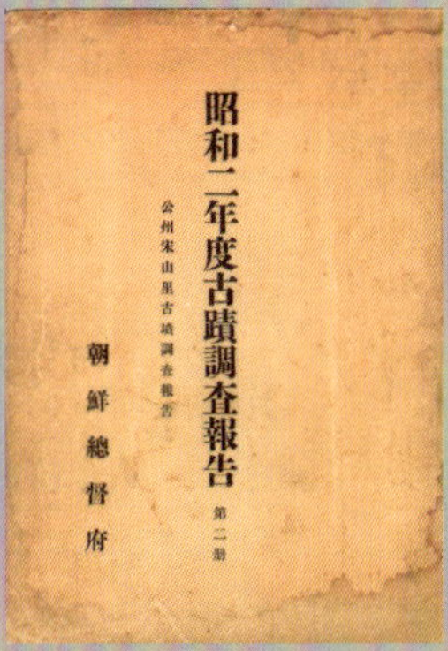

조선총독부, 1927,
『소화2년도 고적조사보고』.

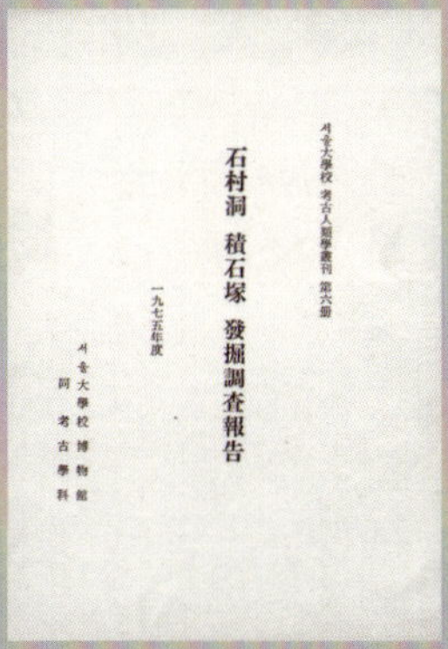

서울대학교 박물관, 1975,
『석촌동 적석총 발굴조사보고』.

서울대학교 박물관, 1983,
『석촌동 3호분(적석총)
발굴조사 보고서』.

서울대학교 박물관, 1984,
『석촌동 3호분(적석총) 복원을
위한 발굴보고서』.

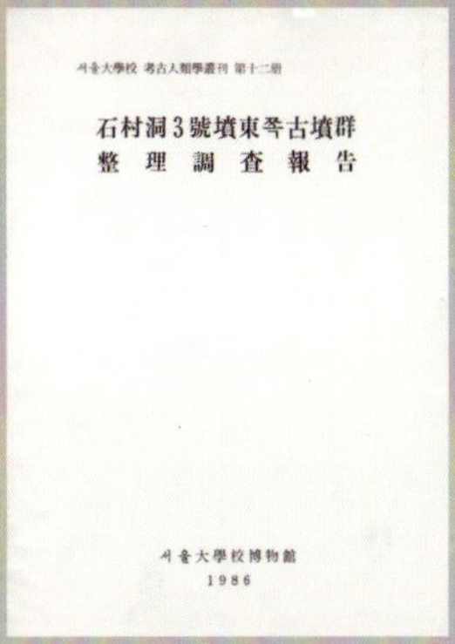

서울대학교 박물관, 1986,
『석촌동 3호분동쪽고분군
정리조사보고』.

2. 석촌동고분군 조사 보고서

서울대학교 박물관, 1987,
『석촌동 고분군발굴조사보고』.

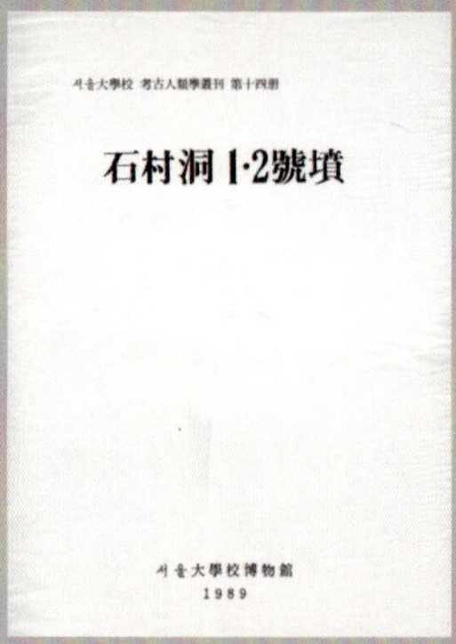

서울대학교 박물관, 1989,
『석촌동 1,2호분』.

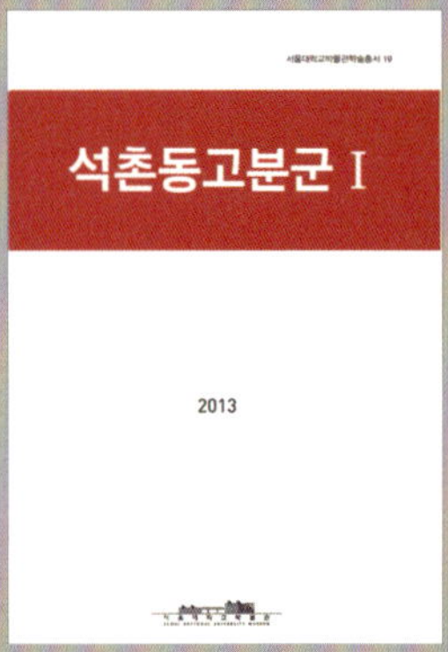

서울대학교 박물관, 2013,
『석촌동고분군 Ⅰ』.

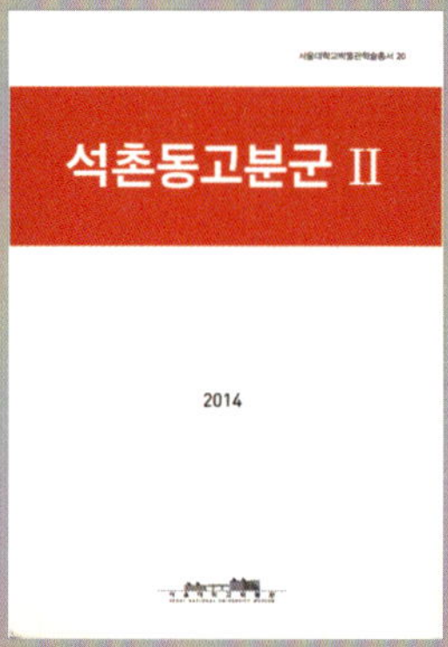

서울대학교 박물관, 2014,
『석촌동고분군 Ⅱ』.

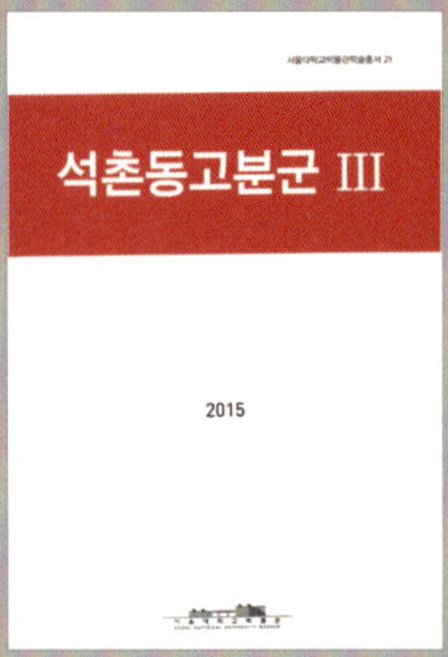

서울대학교 박물관, 2015,
『석촌동고분군 Ⅲ』.

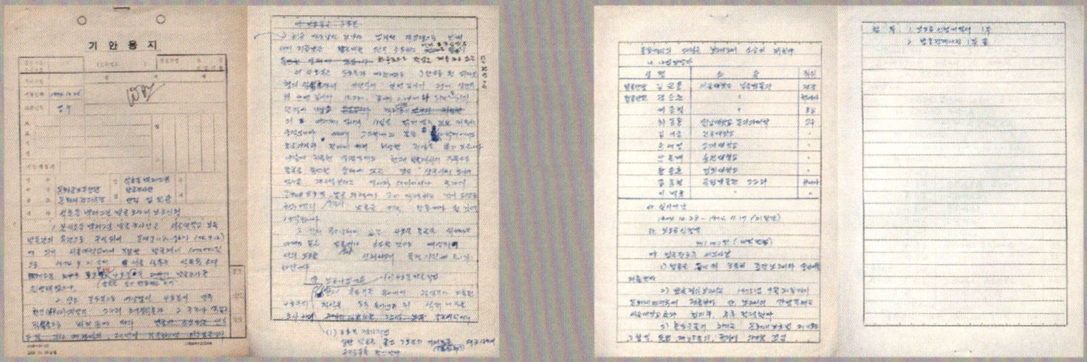
기 안 용 지

문화재관리국 예산 지원 요청 공문 기안지
(서울대학교 박물관, 1974)

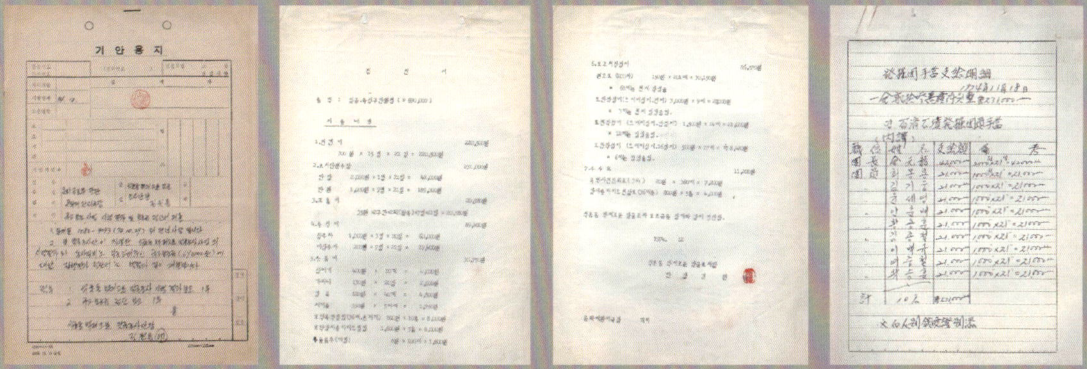
기 안 용 지

결과보고 공문, 예산정산서 및 참가자 수당 알람표
(서울대학교 박물관, 1974)

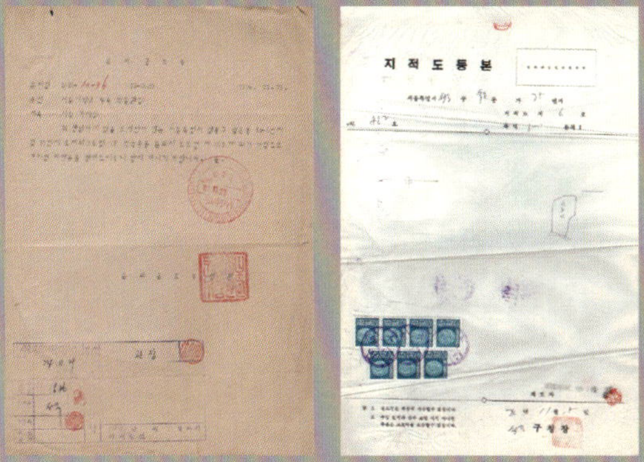
지 적 도 등 본

사적 가지정 신청 공문 및 첨부 지적도 일부
(서울대학교 박물관, 1974)

3. 우리 앞에 남은 석촌동고분군

1990년대 전경

석촌동 전경
(서울경관 기록화사업, 1995)

공원으로 조성된 백제고분군 너머로 1980년에서 1982년 사이에 건설된 가락시영아파트 단지가 보인다. 가락시영아파트는 도시빈민들을 위한 약 6,600가구의 대단위로 개발되었는데, 지금은 멸실된 즙석봉토분인 76-파괴분이 있던 곳을 포함하고 있다.

석촌동 전경
(서울경관 기록화사업, 2000)

석촌동 전경
(서울경관 기록화사업, 2010)

3. 우리 앞에 남은 석촌동고분군

석촌동 1호분 남→북
(서울경관 기록화사업, 1996)

석촌동 1호분 남동→북서
(조하식, 2012)

석촌동 1호분
(조태권, 2013)

석촌동 1호분
(김현철, 2014)

3. 우리 앞에 남은 석촌동고분군

석촌동 1호분
(서울시, 2015)

석촌동 1호분 동→서
(한종률, 2016)

석촌동 내원외방형 적석총
(서울시, 2015)

석촌동 내원외방형 적석총
(한종률, 2016)

석촌동 내원외방형 적석총
(조하식, 2013)

석촌동 내원외방형 적석총
(김현철, 2014)

2호분 전경

석촌동 2호분
(서울경관 기록화사업, 2000)

석촌동 2호분
(조태권, 2013)

3. 우리 앞에 남은 석촌동고분군

2호분 전경

석촌동 2호분
(서울시, 2015)

석촌동 2호분
(한종률, 2016)

석촌동 3호분
(조하식, 2012)

석촌동 3호분
(조태권, 2013)

3. 우리 앞에 남은 석촌동고분군

석촌동 3호분
(서울경관 기록화사업, 2014)

석촌동 3호분
(서울시, 2015)

석촌동 4호분
(서울경관 기록화사업, 1996)

석촌동 4호분
(서울경관 기록화사업, 2010)

3. 우리 앞에 남은 석촌동고분군

석촌동 4호분
(조하식, 2012)

석촌동 4호분
(조태권, 2013)

석촌동 4호분
(김현철, 2014)

3. 우리 앞에 남은 석촌동고분군

석촌동 4호분
(서울경관 기록화사업, 1996)

석촌동 4호분
(한종률, 2016)

3. 우리 앞에 남은 석촌동고분군

석촌동 5호분
(조태권, 2013)

석촌동 5호분
(김현철, 2014)

3. 우리 앞에 남은 석촌동고분군

석촌동 5호분
(한종률, 2016)

부록.
한성백제유적 연구 논저 목록

1 | 풍납토성
2 | 몽촌토성
3 | 석촌동고분군
4 | 방이동고분군
5 | 아차산성
6 | 삼성동토성

1. 풍납토성

(1) 개인저서

강기옥, 『(강기옥의 역사기행)문화재로 포장된 역사』, 한누리미디어, 2012.

강길운, 『고대사의 비교언어학적 연구』, 한국문화사, 2011.

강찬석·이희진, 『잃어버린 백제 첫 도읍지』, 소나무, 2009.

권기봉, 『권기봉의 도시산책』, 알마, 2015.

김병훈, 『山城 三國記』, 비엘프레스, 2012.

김상, 『삼국사기 사서비교를 통한 삼한사의 재조명: 前期辰王時代硏究』, 북스힐, 2004.

김상, 『삼국사기 사서비교를 통한 삼한사의 재조명 2: 辰王制硏究』, 북스힐, 2011.

김성호·김상한, 『한중일 국가기원과 그 역사』, 맑은소리, 2008.

金永上, 『서울 六百年 5, 한강, 한강유역』, 大學堂, 1996.

김우연, 『定都 서울 六百年, 제1권, 역사편』, 학술자원공사, 1993.

김일규, 『백제 고고학 편년 연구』, 학연문화사, 2015.

김태식, 『풍납토성 500년 백제를 깨우다』, 김영사, 2001.

노중국 외, 『금석문으로 백제를 읽다』, 학연문화사, 2014.

로드스꼴라 학생과 선생, 『백제의 길, 백제의 향기』, 호미, 2011.

박경룡, 『서울문화유적: 한국문화유산의 총체를 본다』 1, 수문출판사, 1997.

박순발, 『백제의 도성』, 충남대학교 출판부, 2010.

박종철·고재희, 『일본에서 느끼는 백제의 숨결』, 동부신문, 2005.

스티븐 아터번 외 지음; 윤종석 옮김, 『두려움 없는 삶』, 이레서원, 2003.

신상훈, 『위례성에서 서울까지』, 계명사, 1994.

엄기표, 『정말 거기에 백제가 있었을까』, 고래실, 2004.

윤근일, 『고고학의 늪에 빠져들다』, 고래실, 2006.

이건무 외, 『천 번의 붓질 한 번의 입맞춤: 고고학 발굴 이야기』, 진인진, 2009.

이기오, 『한성백제의 위례성과 사성을 찾아서』, 퍼플, 2013.

이덕수, 『(길 따라 기록 따라) 한국 건설 기네스 1, 길』, 보성각, 2010.

이덕일, 『우리 안의 식민사관: 해방되지 못한 역사, 그들은 어떻게 우리를 지배했는가』, 만권당, 2014.

이상배, 『송파의 역사와 문화유산』, 송파문화원, 2012.

이원창, 『취발이와 말뚝이』, 명솔출판, 2004.

이정범, 『서프라이즈 한국사 –역사 속의 진실 혹은 거짓』, 풀빛, 2009.

이종욱, 『민족인가, 국가인가?: 신라 내물왕 이전 역사에 답이 있다』, 소나무, 2006.

이한, 『(다시 발견하는)한국사: 단군신화부터 고려시대까지』, 뜨인돌, 2008.

이현희, 『(이현희 교수의) 손에잡히는 역사에세이』, 학연문화사, 2000.

이형구, 『風納土城[百濟王城] 硏究論文輯』, 東洋考古學硏究所, 2000.

이형구, 『(서울 백제왕성) 풍납토성』, 송파문화원, 2003.

이형구, 『백제의 도성』, 주류성, 2004.

임영진 외, 『동북아시아 속의 풍납토성』, 학연문화사, 2012.

장경호, 『아름다운 백제 건축』, 주류성, 2004.

장인성, 『백제의 종교와 사회』, 서경문화사, 2001.

장효정, 『하룻밤에 읽는 삼국사기』, 랜덤하우스중앙, 2004.

조유전·이기환, 『(고고학자 조유전의) 한국사 미스터리: 발굴로 풀어본 살아 있는 우리 역사 이야기』, 황금부엉이, 2004.

최맹식, 『百濟 평기와 新硏究』, 學硏文化社, 1999.

1. 풍납토성

최무장·박경룡, 『서울, 선사에서 한성백제까지』, 고인돌사랑회, 2009.
최몽룡, 『한성시대 백제와 마한』, 주류성, 2005.
최몽룡 편저, 『21세기의 한국고고학』 5, 주류성, 2012.
최병식, 『최근 발굴한 백제유적』, 주류성, 2007.
최선주, 『풍납토성지역 장기 보전방향에 관한 연구』, 서울시정개발연구원, 2001.
최종수, 『서울 역사 문화 탐방』, 역민사, 2009.
한종섭, 『위례성백제사』, 집문당, 1994.

(2) 기관 발행 도서

강동구청·한국고대학회 공편, 『온조와 초기 백제』, 강동구청, 2003.
경기개발연구원 편, 『경기지역 문화유산을 활용한 테마관광 활성화 기초 연구』, 경기개발연구원, 2004.
경기도·경기문화재단 기전문화재연구원 편, 『漢城百濟 考古資料集』, 2005.
경기도·경기문화재단 기전문화재연구원, 2005. 廣州文化事業協會設立準備委員會 편, 『(百濟舊都)南漢秘史』, 白鹿社, 1956.
국립나주문화재연구소, 『한국의 옹관묘: 서울·경기도/강원도/제주도/북한 편』, 학연문화사, 2010.
국립문화재연구소, 『사적의 보존·활용을 위한 국내 조사자료집』, 2010.
국립문화재연구소, 『한국고고학저널』, 주류성, 2006·2007·2009.
국립문화재연구소, 『風納土城, 500년 백제왕도의 비젼과 과제』, 2007.
국립문화재연구소, 『건축유적 발굴조서 자료집 -고대궁궐Ⅰ(고구려·백제·신라)』, 국립문화재연구소, 2010.
국립문화재연구소 유적조사연구실 편, 『중국 고대도성 조사 보고서』, 문화재관리국 국립문화재연구소, 2005.
국립문화재연구소 편, 『風納土城 1-1: 현대연합주택 및 1지구 재건축 부지(본문)』, 국립문화재연구소, 2001.
국립문화재연구소 편, 『風納土城 1-2: 현대연합주택 및 1지구 재건축 부지(사진)』, 국립문화재연구소, 2001.
국립문화재연구소 편, 『風納土城 2: 동벽 발굴조사 보고서』, 국립문화재연구소·서울특별시, 2002.
국립문화재연구소 편, 『風納土城 5: 삼표산업 사옥 신축예정부지 발굴조사 보고서』, 국립문화재연구소, 2005.
국립문화재연구소 편, 『風納洞 재건축부지 발굴조사: 풍납동 410번지외 15필지 발굴조사 보고서』, 국립문화재연구소, 2006.
국립문화재연구소 편, 『風納土城: 500년 백제왕도의 비젼과 과제』, 국립문화재연구소, 2007.
국립문화재연구소 편, 『風納土城 8: 외환은행직원합숙소부지, 소규모주택신축부지, 강동빌라부지, 대진·동산연립주택부지』, 국립문화재연구소, 2007.
국립문화재연구소 편, 『40년 발굴여정 미리보는 新 발굴』, 국립문화재연구소, 2007.
국립문화재연구소 편, 『풍납토성 11-1: 풍납동 197번지(舊 미래마을) 시굴 및 발굴조사 보고서 1(본문)』, 국립문화재연구소, 2009.
국립문화재연구소 편, 『풍납토성 11-2: 풍납동 197번지(舊 미래마을) 시굴 및 발굴조사 보고서 1(유물 도면·도판)』, 국립문화재연구소, 2009.
국립문화재연구소 편, 『한국고고학저널 2010』, 국립문화재연구소, 2011.
국립문화재연구소 편, 『風納土城 13: 풍납동 197번지(舊 미래마을) 시굴 및 발굴조사 보고서 2』, 국립문화재연구소, 2012.
국립문화재연구소 편, 『風納土城 14-1: 풍납동 197번지(舊 미래마을) 시굴 및 발굴조사 보고서 3(본문)』, 국립문화재연구소, 2012.
국립문화재연구소 편, 『風納土城 14-2: 풍납동 197번지(舊 미래마을) 발굴조사 보고서 3(유물 도면·도판)』, 국립문화재연구소, 2012.
국립문화재연구소 편, 『風納土城. 15, 풍납동 197번지(舊 미래마을) 시굴 및 발굴조사 보고서 4』, 국립문화재연구소, 2013.
국립문화재연구소 편, 『風納土城. 16, 성벽의 축조공법 및 연대 규명을 위한 학제간 융합연구』, 국립문화재연구소, 2014.
국립부여문화재연구소, 『백제도성의 변천과 연구상의 문제점』, 서경, 2003.
국립중앙박물관·문화재청 공편, 『발굴에서 전시까지』, 국립중앙박물관·문화재청, 2007.
국민대학교 박물관 편, 『문화산책』, 국민대학교 박물관, 2001.
대전광역시교육청 편, 『지식창조 학습의 실제』, 대전광역시교육청 교육정책담당관실, 2004.

동부신문 편집부, 『토박이가 들려주는 송파이야기』, 동부신문, 2005.
동아일보 출판국 신동아팀 편, 『오세훈의 한강 르네상스는 성공할 것인가』, 동아일보사, 2009.
동양고고학연구소 편, 『풍납토성 내 백제왕경(王京) 유적발견 10주년 기념 세미나』, 동양고고학연구소, 2007.
마사박물관, 『馬事博物館誌』, 한국마사회, 2001.
文化公報館 編, 『서울의 文化財』, 서울特別市, 1980.
문화일보 칼럼선집, 『위기의 한국 어디로 가야하나』, 문화일보, 2001.
문화재청, 『문화재청 50년사』 자료편: 1961-2011, 2011.
문화재청, 『성곽 정비 및 보존 관리 활용방안 지침마련 연구』, 2008.
배기동·한양대학교 문화재연구소 박물관·문화환경연구센터, 『문화유산과 자연유산: 현실과 미래 비전』, 주류성출판사, 2006.
百濟文化開發研究院 편, 『서울 風納土城 [百濟 王城] 實測調査研究』, 百濟文化開發研究院, 1997.
서울대학교 박물관, 『서울大學校 博物館 所藏 漢江流域採集 百濟土器類』, 서울大學校 博物館, 1996.
서울대학교 박물관 편, 『風納土城出土 土器類』, 서울大學校 博物館, 1995.
서울대학교박물관 편, 『발굴유물도록』, 서울대학교박물관, 서울大學校博物館, 1997.
서울문화사학회 편, 『서울문화재 나들이』, 수서원, 2002.
서울백제수도유적보존회, 동양고고학연구소, 『風納土城[百濟王城] 保存을 위한 學術會議』, 서울백제수도유적보존회, 2000.
서울여성·한국여성사학회, 『서울의 여성사를 찾아서』, 서울여성, 2005.
서울역사문화포럼, 『역사와 문화가 숨쉬는 서울』, 수서원, 2009.
서울역사문화포럼, 『서울역사문화 답사안내』, 수서원, 2010-2011.
서울역사박물관 편, 『풍납토성: 잃어버린 王都를 찾아서: 풍납토성의 발굴성과와 의의』, 서울역사박물관, 2002.
서울특별시, 『풍납토성 합리적 관리방향 및 추진전략: 최종보고서』, 2011.
서울특별시사편찬위원회, 『서울의 성곽』, 서울특별시, 2004.
서울특별시사편찬위원회, 『漢城百濟史』 3, 서울특별시사편찬위원회, 2008.
서울특별시사편찬위원회 편, 『팽창을 거듭하는 서울: 1971~1980』, 서울특별시, 2008.
서울특별시사편찬위원회 편, 『(시민을 위한) 서울 역사 2000년』, 서울특별시사편찬위원회, 2009.
서울특별시 기획예산실 기획담당관 편, 『2001 새서울 시정백서: 인간적인, 한국적인, 세계적인 도시』, 서울특별시, 2002.
서울특별시 문화국 편, 『(서울의) 고대 역사문화유산 활용방안: 아차산 일대 보루군을 중심으로』, 서울특별시 문화국, 2008.
서울특별시 문화국 문화재과 편, 『서울문화재』, 서울특별시, 2005.
서울특별시 지방문화재위원회 편, 『서울의 전통문화』 2, 서울특별시, 1986.
석문이기동교수정년기념 논총간행위원회, 『한국 고대사 연구의 현단계』, 주류성, 2009.
성주탁 교수 추모 논총 간행위원회, 『백제와 주변세계』, 진인진, 2012.
송파문화원 편, 『송파의 뿌리』, 송파문화, 1999.
식문화탐구회, 『炊事의 考古學』, 서경문화사, 2008.
이상길 교수 추모논문집 간행위원회, 『牛行 李相吉 敎授 追慕論文集』, 진인진, 2015.
정선영 글·위례역사문화연구회 기획, 『(우리 아이 첫) 한강여행: 광나루에서 김포가지 한강 나루터 이야기』, 삼성당, 2011.
중앙문화재연구원 편, 『마한·백제의 분묘 문화』, 중앙문화재연구원, 2013.
蕉雨 黃壽永博士 九旬頌祝論叢 刊行委員會「한국문화사학회 편, 『考古學·美術史: 蕉雨 黃壽永博士 九旬頌祝論叢』, 蕉雨 黃壽永博士 九旬頌祝論叢 刊行委員會, 2007.
충청남도역사문화연구원, 『한 권 백제』, 로도스, 2013.
한국고고환경연구소 편, 『土器燒成의 考古學』, 서경문화사, 2007.
한국대학박물관협회 편, 『대학박물관, 새로운 역사의 발견자』, (사)韓國大學博物館協會, 2005.
한국문화유산답사회, 『서울』, 돌베개, 2004.

1. 풍납토성

한국문화재조사연구기관협회 편, 『한국 출토 외래유물: 초기철기~삼국시대』, 한국문화재조사연구기관협회, 2011.

한국방송공사 역사스페셜, 『숨겨지고 잃어버린 역사 새로 읽기』, 효형출판, 2000-2004.

한국전통문화학교 전통문화연수원 편, 『(2008)문화재와 학교교육』, 한국전통문화학교 전통문화연수원, 2008.

한국행정연구원 편, 『「문화재보존관리기금」설립방안에 관한 연구』, 한국행정연구원, 2002.

한밭대학교 향토문화연구소 편, 『風納土城의 發掘과 그 成果』, 한밭大學校 鄕土文化研究所, 2001.

한성백제박물관, 『풍납토성, 건국의 기틀을 다지다』, 한성백제박물관·한신대학교박물관, 2015.

한성백제박물관, 『한성백제의 왕궁은 어디에 있었나: 한성의 도시구조(백제학연구총서 쟁점 백제사 3)』, 한성백제박물관, 2014.

한신대학교박물관 편, 『風納土城 Ⅲ: 삼화연립 재건축 사업부지에 대한 조사보고』, 한신대학교박물관, 2003.

한신대학교박물관 편, 『風納土城 Ⅳ: 慶堂地區 9號 遺構 대한 發掘報告(본문·도면)』, 한신대학교박물관, 2004.

한신대학교박물관 편, 『風納土城 Ⅳ: 慶堂地區 9號 遺構 대한 發掘報告(圖版)』, 한신대학교박물관, 2004.

한신대학교박물관 편, 『風納土城 Ⅵ: 慶堂地區 中層101號 遺構에 대한 發掘報告』, 국립문화재연구소·한신대학교박물관, 2005.

한신대학교박물관 편, 『風納土城 Ⅶ: 慶堂地區 上層 廢棄場 遺構에 대한 發掘報考』, 한신대학교박물관, 2006.

한신대학교박물관 편, 『風納土城 Ⅸ: 慶堂地區 出土 瓦博類에 대한 報告』, 서울역사박물관·한신대학교박물관, 2008.

한신대학교박물관 편, 『風納土城 X: 慶堂地區 遺物包含層出土 遺物에 대한 報告』, 서울역사박물관·한신대학교박물관, 2009.

한신대학교박물관 편, 『風納土城 XII: 慶堂地區 196號 遺構에 대한 報告』, 한성백제박물관·한신대학교박물관, 2011.

한신대학교박물관 편, 『風納土城 XVII: 慶堂地區 206號 遺構에 대한 報告』, 한성백제박물관·한신대학교박물관, 2015.

한신대학교 국사학과 창설30주년기념위원회, 『중부지역의 고고문화와 역사』, 한신대학교출판부, 2011.

漢陽大學校 博物館 편, 『風納土城 隣接地域 試掘調査 報告書』, 漢陽大學校 博物館·財團法人 峨山社會福祉事業財團, 1996.

한지선, 『한성백제 건축유적의 복원 기초 연구』, 국립문화재연구소, 2013.

호미 편집부, 『백제의 길, 백제의 향기 -서울에서 교토까지-』, 호미, 2011.

호불 정영호교수 정년퇴임기념논총 간행위원회 편, 『(豪佛鄭永鎬敎授)停年退任紀念論叢』, 韓國文化史學會, 1999-2000.

KBS 역사스페셜·표정훈, 『고구려 천하의 중심을 선포하다』, 효형출판, 2005.

KBS 역사스페셜·표정훈, 『HD 역사스페셜 1』, 효형출판, 2006.

KBS 역사스페셜·정종목, 『역사스페셜 2』, 효형출판, 2008.

(3) 논문

김유식, 「신라 와당 연구」, 동국대학교 박사학위 논문, 2010.

김일규, 「백제 고고학 편년 연구」, 부산대학교 박사학위 논문, 2015.

성주탁, 「百濟城址 研究: 都城址를 中心으로」, 동국대학교 박사학위 논문, 1985.

송만영, 「韓半島 中部地域 聚落의 發展과 政治體의 成長: 靑銅器時代~漢城百濟期를 中心으로」, 숭실대학교 박사학위 논문, 2011.

심재연, 「嶺東·嶺西地域의 鐵器時代文化 研究」, 한림대학교 박사학위 논문, 2012.

채현석, 「한강 본류역의 유적층위 형성과정 연구: 미사리·암사동·풍납동 유적을 중심으로」, 세종대학교 박사학위 논문, 2009.

한욱, 「유구를 통한 6·7세기 백제가람 건물의 복원적 연구」, 홍익대학교 박사학위 논문, 2009.

강아리, 「漢城百濟時代 大甕 가마 研究: 화성 청계리 大甕 가마를 중심으로」, 단국대학교 석사학위 논문, 2009.

강형웅, 「4世紀 漢城百濟의 關防體系 研究」, 단국대학교 석사학위 논문, 2007.

강희준, 「토기 분류 기준의 자연과학적 연구: 풍납토성 출토품을 중심으로」, 용인대학교 석사학위 논문, 2010.

고형순, 「고대 철기 유물의 침탄과 열처리에 관한 연구」, 강릉원주대학교 석사학위 논문, 2002.

권욱택, 「한반도·중국 동북지역 출토 秦·漢代 화폐의 전개와 용도」, 영남대학교 석사학위 논문, 2014.

김도훈, 「백제 한성시기 城廓의 研究 -韓半島 中西部地方을 中心으로-」, 선문대학교 석사학위 논문, 2010.

김두권, 「漢城期 百濟土器의 뚜껑 研究」, 숭실대학교 석사학위 논문, 2003.

김병희, 「한국의 성곽 축성기법과 변천과정」, 세종대학교 석사학위 논문, 2012.

김성이, 「百濟 漢城期의 土器 燒成技術 -풍납토성 197번지 출토품을 중심으로-」, 충북대학교 석사학위 논문, 2014.

김영섭, 「峨嵯山 高句麗 堡壘群의 재고찰」, 단국대학교 석사학위 논문, 2009.

김은경, 「新羅古墳 出土 雲母 研究」, 영남대학교 석사학위 논문, 2010.

김인희, 「百濟 漢城期의 기와」, 숙명여자대학교 석사학위 논문, 2002.

김정아, 「漢城百濟期 王都의 건설과 확대 과정: 遷都(移都) 기사를 중심으로」, 서강대학교 석사학위 논문, 2010.

김준혁, 「도시개발과 매장문화재보존 간의 갈등구조에 관한 연구: 풍납토성 내부 경당연립재건축사업을 중심으로, 서울대학교 석사학위 논문, 2009.

김진홍, 「한성백제 후기 토기 연구: 경기지역 출토 심발형토기와 장란형토기를 중심으로」, 수원대학교 석사학위 논문, 2008.

김태식, 「적석목관분 시대의 신라 신선도교사상에 관한 고찰」, 선문대학교, 2009.

박강민, 「三韓時代 住居址內 부뚜막과 구들施設에 대한 研究」, 동아대학교 석사학위 논문, 2005.

박인균, 「한국 문화재보호정책의 개선방안에 관한 연구」, 연세대학교 석사학위 논문, 2001.

박종갑, 「古代 建築物 基礎에 대한 調査 研究」, 충남대학교 석사학위 논문, 2003.

박종욱, 「246年 崎離營 戰鬪에 대한 再檢討」, 고려대학교 석사학위 논문, 2007.

박종웅, 「원인자부담원칙이 갈등에 미치는 영향 분석: 풍납토성 매장문화재 훼손 사례를 중심으로」, 서울대학교 석사학위 논문, 2011.

박지은, 「百濟 平底壺 研究」, 충남대학교 석사학위 논문, 2007.

박천택, 「3~5세기 중부지방 옹관묘에 대한 고찰」, 숭실대학교 석사학위 논문, 2010.

배선주, 「경기지역 한성백제의 토기가마에 대한 연구」, 서울여자대학교 석사학위 논문, 2013.

성윤아, 「百濟 近肖古王代 漢山의 性格과 夢村土城」, 고려대학교 석사학위 논문, 2011.

신윤정, 「漢城百濟期 盒·洗類의 研究」, 성균관대학교 석사학위 논문, 2013.

신종국, 「백제토기의 형성과 변천과정에 대한 연구: 한성기 백제 주거유적 출토 토기를 중심으로」, 성균관대학교 석사학위 논문, 2003.

신희권, 「한강유역 1-3세기 주거지 연구: '풍납동식주거지'의 형성과정을 중심으로」, 서울대학교 석사학위 논문, 2001.

안미선, 「풍납토성 역사문화환경 계획」, 서울대학교 석사학위 논문, 2010.

양필승, 「陶磁器 修理復元 事例 研究」, 공주대학교 석사학위 논문, 2014.

오강석, 「百濟 漢城期 城郭 研究」, 세종대학교 석사학위 논문, 2007.

오용암, 「開發行政과 文化財保存에 관한 法的 考察」, 건국대학교 석사학위 논문, 2001.

1. 풍납토성

오영기,「문화재보호구역에서의 결합개발 적용가능성에 관한 연구: 서울시 송파구 풍납토성을 대상으로」, 경원대학교 석사학위 논문, 2011.

옥희정,「달성의 보존과 활용에 관한 연구 –역사적인 변천과정과 현황분석을 중심으로–」, 대구대학교 석사학위 논문, 2008.

이건용,「마한·백제권 통형기대 고찰」, 전남대학교 석사학위 논문, 2014.

이명엽,「百濟土器의 成立과 發展過程에 나타난 中國 陶磁器의 影響」, 한신대학교 석사학위 논문, 2004.

이병훈,「原三國~漢城百濟期 中部地方 외줄구들의 變遷過程」, 숭실대학교 석사학위 논문, 2011.

이소희,「우리나라 중부지역 타날문토기의 문양 연구: 한강유역과 영서·영동지역을 중심으로」, 단국대학교 석사학위 논문, 2003.

이수지,「연기 나성리유적의 백제시대 제택(第宅)」, 원광대학교 석사학위 논문, 2015.

이승재,「報恩 三年山城의 築城技法 硏究」, 목원대학교 석사학위 논문, 2006.

이영섭,「한성백제기 풍납토성 내 건물지의 건축특성에 관한 연구」, 명지대학교 석사학위 논문, 2015.

이원유,「文化財犯罪에 대한 刑事法的 考察」, 한양학교 석사학위 논문, 2002.

이재설,「이천 설성산성 수혈 주거지 연구」, 단국대학교 석사학위 논문, 2005.

이정범,「경기북부지역 보루의 가시권역 분석 연구」, 고려대학교 석사학위 논문, 2010.

이주업,「漢城期 百濟 평기와 制作技法에 관한 硏究: 石村洞 4號墳 出土 평기와를 中心으로」, 서울대학교 석사학위 논문, 2008.

이태호,「삼국시대 고분 출토 전세유물 연구」, 성균관대학교 석사학위 논문, 2011.

이한솔,「한성백제기 우물제사에 대한 고찰: 풍납토성 206호 유구의 고고학적 분석을 중심으로」, 인하대학교 석사학위 논문, 2014.

이해주,「漢城 都邑期 百濟人의 美意識 考察: 風納土城 出土 百濟土器를 中心으로」, 단국대학교 석사학위 논문, 2003.

이혁희,「한성백제기 토성의 축조기법 (漢城百濟期 土城의 築造技法)」, 한신대학교 석사학위 논문, 2013.

이혜경,「베르나르 츄미의 교차프로그램 개념을 이용한 박물관 공간 구성연구: 풍납토성 지역 내 박물관 설계를 중심으로」, 한양대학교 석사학위 논문, 2004.

이희경,「원삼국시대 중부지방의 작물조성 연구」, 서울대학교 석사학위 논문, 2010.

이희범,「함안 성산산성의 부엽공법에 대한 지반공학적 연구」, 부산대학교 석사학위 논문, 2012.

장미란,「지형특성에 따른 토성의 공간구조 연구」, 서울시립대학교 석사학위 논문, 2013.

장세영,「중학교 국사교육에서 지역사 자료 활용에 관한 연구: 강동·송파 지역을 중심으로」, 한양대학교 석사학위 논문, 2009.

전동현,「漢城百濟期 炊事容器의 形成과 變遷」, 숭실대학교 석사학위 논문, 2011.

정수옥,「風納土城 炊事用土器 硏究: 製作技法과 使用痕의 分析」, 고려대학교 석사학위 논문, 2006.

정영식,「가야 백제의 차문화 형성에 관한 연구」, 원광대학교 석사학위 논문, 2015.

정운영,「흔적과 보존의 개념을 적용한 풍납토성 도시화 제안」, 경기대학교 석사학위 논문, 2010.

정재영,「남원 월산리 M5호분 피장자의 성격」, 원광대학교 석사학위 논문, 2014.

정종태,「百濟 炊事用器의 類型과 展開樣相: 中西部地方 出土資料를 中心으로」, 충남대학교 석사학위 논문, 2006.

정치영,「한성기 백제 기와에 대한 연구」, 한신대학교 석사학위 논문, 2007.

정태은,「삼국시대의 시루이용에 관한 시론: 한강유역 고구려·백제 주거지를 중심으로」, 성균관대학교 석사학위 논문, 2005.

차민호,「삼국시대 성곽의 치성 연구」, 한양대학교 석사학위 논문, 2013.

최동윤,「文化行政에 있어서 損失補償에 관한 硏究: 未實現利益에 대한 補償을 중심으로」, 동아대학교 석사학위 논문, 2001.

최성애,「風納土城 土器의 製作類型과 變化에 대한 一考察」, 한양대학교 석사학위 논문, 2001.

최영주,「鳥足文土器 考察」, 전남대학교 석사학위 논문, 2006.

최은영,「제7차 중학교『국사』교과서와 대안교과서『살아있는 한국사 교과서』비교 연구: 삼국시대부터 통일신라시대까지」, 숙명여자대학교 석사학위 논문, 2009.

최인창,「삼국시대 중부지역의 주거시설연구: 주거시설의 구조분석을 중심으로」, 수원대학교 석사학위 논문, 2010.

하진아,「서울 漢江流域의 地域 形成過程」, 성신여자대학교 석사학위 논문, 1994.

한병길,「中部地方 百濟土城의 築造技法」, 충북대학교 석사학위 논문, 2001.

한지선, 「토기를 통해서 본 백제 고대국가 형성과정 연구」, 중앙대학교 석사학위 논문, 2004.
홍창표, 「문화재의 복원과 도시개발의 중재를 위한 복합시설 계획안: 풍납토성과 천호역세권의 분쟁의 중재를 중심으로」, 경희대학교 석사학위 논문, 2005.
강동석, 「GIS 공간보간법을 이용한 도성유적의 지형 복원: 풍납토성, 신라 왕경을 중심으로」, 『야외고고학』 19, 한국문화재조사연구기관협회, 2014.
강찬석, 「유형문화재 보호 실태와 개선 방안」, 『민족예술』 58, 한국민족예술인총연합, 2000.
강찬석, 「풍납토성과 사유재산권 보호 대책」, 『민족예술』 69, 한국민족예술인총연합, 2001.
강찬석, 「발언과 논평: 풍납토성은 과연 백제 왕성인가?: 언제까지 건축유구 발굴을 고고학자들에게만 맡겨 둘 것인가!」, 『建築』 51-9, 大韓建築學會, 2007.
강형태·나경임, 「풍납동 유적의 절대연대측정」, 『한국상고사학보』 34, 한국상고사학회, 2001.
고룡규, 「韓國南部地域 版築土城의 硏究」, 『고문화』 58, 한국대학박물관협회, 2001.
權五榮, 「4세기 百濟의 地方統制方式 一例: 東晉靑磁의 流入經緯를 中心으로」, 『韓國史論』 18, 서울대학교 인문대학 국사학과, 1988.
권오영, 「개발에 밀린 서울 강남의 백제문화」, 『역사비평』 38, 역사비평사, 1997.
권오영, 「백제 전기 기와에 대한 신지견: 화성 화산고분군 채집 기와를 중심으로」, 『백제연구』 33, 충남대학교 백제연구소, 2001.
권오영, 「풍납토성 출토 외래유물에 대한 검토」, 『百濟硏究』 36, 충남대 백제연구소, 2002.
권오영, 「성스러운 우물의 제사: 풍납토성 경당지구 206호 유구의 성격을 중심으로」, 『지방사와 지방문화』 11-2, 역사문화학회, 2008.
권오영, 「한성백제(漢城百濟)의 시간적(時間的) 상한(上限)과 하한(下限)」, 『百濟硏究』 53, 충남대학교 백제연구소, 2011.
권오영, 「백제 한성기의 도성과 지방도시」, 『고고학』 11-3, 중부고고학회, 2012.
권오영, 「서울 시내 백제유적의 보존과 활용방안」, 『고문화』 81, 한국대학박물관협회, 2013.
권오영·한지선, 「베일 벗는 백제왕성의 문화상: 최근의 풍납토성 경당지구 발굴성과」, 『한국의 고고학』 9, 주류성, 2008.
김기섭, 「백제 한성시기의 도성제 성립과 몽촌토성」, 『백제문화』 38, 공주대학교 백제문화연구소, 2008.
김기섭, 「백제 한성시기의 都城과 유적에 대한 해석: 풍납토성·몽촌토성을 중심으로」, 『백제논총』 8, 백제문화개발연구원, 2009.
김기섭, 「백제 한성도읍기(漢城都邑期)연구 동향과 과제」, 『백제문화』 44, 공주대학교 백제문화연구소, 2011.
김기섭, 「百濟王都 漢城의 구조와 防衛體系」, 『한국성곽학보』 26, 한국성곽학회, 2014.
김길식, 「曾坪 二城山城 出土 鐵製遺物의 性格」, 『한국성곽학보』 25, 한국성곽학회, 2014.
김도훈, 「風納土城 百濟 우물지에 관한 硏究 試論」, 『白山學報』 84, 백산학회, 2009.
김명진, 「OSL 연대측정을 통한 풍납토성 축조연대 산출」, 『분석과학』 25-5, 한국분석과학회, 2012.
金武重, 「百濟 漢城期 地域土器 編年: 京畿 西南部地域을 中心으로」, 『고고학』 3-1, 중부고고학회, 2004.
김상보, 「한성백제시대의 음식문화」, 『鄕土서울』 63, 서울特別市史編纂委員會, 2003.
김선기, 「백제시대 암막새 형식과 전개」, 『文物硏究』 22, 동아시아문물연구학술재단, 2012.
金元龍, 「風納里 土城內 住居層」, 『考古美術』 52 5-11, 考古美術同人會, 1964.
김원보, 「문화재보호법상 사적지의 보상 -풍납토성내 재건축부지를 중심으로-」, 『토지보상법연구』 4, 한국토지보상법연구회, 2004.
김일규, 「漢城期 百濟土器 編年再考」, 『先史와 古代』 27, 한국고대학회, 2007.
김정아, 「百濟 溫祚王 14년의 遷都와 그 의미: 王都 건설의 측면에서」, 『한국고대사탐구』 5, 한국고대사탐구회, 2010.
김정학, 「韓國에 있어서의 黑陶文化의 問題」, 『大東文化硏究』 4, 성균관대학교 대동문화연구원, 1967.
김종보, 「문화재보호법과 건축물」, 『法學論文集』 29-1, 中央大學校 法學硏究所, 2005.
金昌錫, 「한성기 백제의 국가제사 체계와 변화 양상: 풍납토성 경당지구 44호, 9호 유구의 성격 검토를 중심으로」, 『서울학연구』 22, 서울시립대학교 서울학연구소, 2004
남호현, 「유물의 계획수치 파악을 위한 모델 검토 -풍납토성 목조우물 부재에 대한 검토를 겸하여-」, 『한국고고학보』 84, 한국고고학회, 2012.
노중국, 「백제의 度量衡과 그 運用: 척도의 변화를 중심으로」, 『한국고대사연구』 40, 한국고대사학회, 2005.

1. 풍납토성

노중국, 「백제의 수리(水利)시설과 김제 벽골제」, 『百濟學報』 창간호, 백제학회, 2009.

노중국, 「백제학 연구의 현황과 전망」, 『百濟學報』 창간호, 백제학회, 2009.

노중국, 「백제사의 몇 가지 문제: ≪삼국사기≫ 백제본기 역주 작업과 관련하여」, 『新羅史學報』 27, 신라사학회, 2013.

藤原 隆夫, 「百濟漢城時代瓦의 起源에 대하여(2) -風納里 土城 9호지 출토 평기와를 中心으로」, 『嶺南學』 8, 경북대학교 영남문화연구원, 2005.

문은정·강희준·김수경·이한형·홍종욱·황진주, 「토기의 경도측정법 연구: 백제시대 배류를 중심으로」, 『보존과학회지』 25-4, 한국문화재보존과학회, 2009.

문은정·강희준·한민수·이한형, 「자연과학적 데이터를 활용한 풍납토성 백제토기의 분류 방안 연구」, 『백제학보』 5, 백제학회, 2011.

문동석, 「풍납토성 출토 "大夫" 銘에 대하여」, 『百濟研究』 36, 충남대학교 백제연구소, 2002.

문동석, 「한성백제(漢城百濟)의 도교문화(道敎文化)와 그 성립과정(成立過程)」, 『百濟研究』 50, 충남대학교 백제연구소, 2008.

문동석, 「풍납토성 경당지구 발굴로 본 한성백제」, 『인문논총』 20, 서울여자대학교, 2010.

문동석, 「한성백제(漢城百濟)의 차문화(茶文化)와 다확(茶碻)」, 『百濟研究』 56, 충남대학교 백제연구소, 2012.

閔德植, 「城郭遺蹟으로 본 百濟 前期都城 研究」, 『서울학연구』 9, 서울학연구소, 1998.

박경원, 「백제 문화권을 다녀와서」, 『선문사학』 1, 선문대학교 역사학과, 2000.

박기정·김현정, 「풍납토성 출토 유물의 복제」, 『문화재보존연구』 3, 서울역사박물관, 2007.

박보현, 「풍납토성출토(風納土城出土) 초두의 편년적(編年的) 위치」, 『호서고고학』 12, 호서고고학회, 2005.

박순발, 「漢城期 百濟 都城의 問題 -風納土城과 夢村土城의 築造 時期 比定을 중심으로-」, 『先史와 古代』 19, 한국고대학회, 2003.

박순발, 「漢城百濟 考古學의 研究 現況 點檢」, 『고고학』 3-1, 중부고고학회, 2004.

박순발, 「百濟 都城의 始末」, 『중앙고고연구』 13, 중앙문화재연구원, 2013.

박중환, 「백제권역 동물희생 관련 考古자료의 성격」, 『백제문화』 47, 공주대학교 백제문화연구소, 2012.

박천수, 「新羅 加耶古墳의 曆年代」, 『한국상고사학보』 69, 한국상고사학회, 2010.

方東仁, 「風納里土城의 歷史地理的 檢討」, 『白山學報』 16, 백산학회, 1974.

方瑠梨, 「利川 雪城山城 出土 百濟 器臺 研究」, 『문화사학』 19, 한국문화사학회, 2003.

方瑠梨, 「이천 설성산성 출토 백제 고배 연구」, 『文化史學』 27, 한국문화사학회, 2007.

徐榮一, 「연천 은대리성 축조공법과 성격 고찰」, 『文化史學』 31 한국문화사학회, 2009.

成正鏞, 「百濟와 中國의 貿易陶磁」, 『百濟研究』 38, 충남대학교 백제연구소, 2003.

소재윤, 「백제 수막새 제작기법과 생산체제(生産體制)의 변화(變化) -풍납토성 출토품을 중심으로-」, 『백제학보』 4, 백제학회, 2010.

소재윤, 「연구노트: 4~5세기 풍납토성의 도성 경관」, 『백제학보』 8, 백제학회, 2012.

소재윤, 「풍납토성 조사 현황과 신 자료 소개」, 『한국대학박물관협회 학술대회』 2012-4, 한국대학박물관협회, 2012.

소재윤, 「풍납토성 평기와의 제작공정에 따른 제작기법 특징과 변화」, 『야외고고학』 18, 한국문화재조사연구기관협회, 2013.

송지애, 「백제 풍납토성 화재주거지 탄화유기물의 식별」, 『한국전통문화연구』 9, 한국전통문화대학교 한국전통문화연구소, 2011.

송지애·손병화·박원규, 「위글매치를 이용한 백제 풍납토성 화재주거지 출토 탄화목의 방사성탄소연대 측정」, 『보존과학회지』 28-4-40, 한국문화재보존과학회, 2012.

신동훈, 「삼국지 한전의 진왕 및 월지국의 성격에 대한 재고」, 『역사21』 1, 역사21편집위원회, 2003.

신용철, 「정부의 안일한 정책으로 고통 받고 있는 풍납동 주민들」, 『월간말』 267, 월간말, 2008.

신종국, 「백제 한성지역 출토 유개고배의 분류와 변천양상」, 『백제학보』 5, 백제학회, 2011.

신희권, 「다시 피어나는 백제(百濟)의 숨결: 풍납토성(風納土城)」, 『대한토목학회지』 50-3, 대한토목학회, 2002.

신희권, 「風納土城 발굴조사를 통한 河南慰禮城 고찰」, 『鄕土서울』 62, 서울특별시사편찬위원회, 2002.

신희권, 「風納土城 築造年代 試論」, 『한국상고사학보』 37, 한국상고사학회, 2002.

심정보, 「風納土城의 築造技法과 性格에 대한 考察」, 『文物研究』 7, 동아시아문물연구학술재단, 2003.

신희권, 「백제의 첫 궁성, 풍납토성의 도성 축조」, 『한국의 고고학』 9, 주류성, 2008.

신희권, 「中韓 古代 築城方法 比較 硏究 –西山城址와 風納土城의 비교를 중심으로–」, 『호서고고학』 18, 호서고고학회, 2008.
신희권, 「백제 한성시대 도성제도에 관한 일고찰 –兩宮城制度를 중심으로–」, 『향토서울』 76, 서울특별시사편찬위원회, 2010.
신희권, 「風納土城 출토 文字와 符號 探論」, 『韓國古代史探究』 15, 한국고대사탐구학회, 2013.
신희권, 「백제 한성도읍기 도성 방어 체계 연구」, 『향토서울』 86, 서울특별시 시사편찬위원회, 2014.
신희권, 「삼국시대 토축 구조물의 부엽법(敷葉法) 연구」, 『白山學報』 98, 백산학회, 2014.
심광주, 「漢城百濟의 '烝土築城'에 대한 硏究」, 『향토서울』 76, 서울특별시사편찬위원회, 2010.
심정보, 「風納土城의 築造技法과 性格에 대한 考察」, 『文物硏究』 7, 동아시아문물연구학술재단, 2003.
심재연, 「한성백제기의 영동·영서」, 『고고학』 8–2, 중부고고학회, 2009.
심정보, 「풍납토성의 축조기법과 성격에 대하여」, 『한국의 고고학』 9, 주류성, 2008.
심정보, 「강릉 강문동토성의 축조기법과 성격」, 『文物硏究』 27, 동아시아문물연구학술재단, 2015.
안국승, 「河北 慰禮城에 대한 再考」, 『漢北史學』 5, 한북사학회, 2009.
양창영·이주석·유승훈, 「풍납토성 보존 및 복원사업의 가치 측정」, 『지역연구』 26–3, 한국지역학회, 2010.
余昊奎, 「漢城時期 百濟의 都城制와 防禦體系」, 『百濟硏究』 36, 충남대학교 백제연구소, 2002.
오강석, 「百濟 漢城期 關防體系 檢討」, 『先史와 古代』 26, 한국고대학회, 2007.
柳本照男, 「漢城百濟期 編年 再考」, 『百濟硏究』 55, 충남대학교 백제연구소, 2012.
유혜선, 「무령왕릉 출토 탄목제품의 과학적인 분석을 통한 명칭재고 및 한반도 내 출토 현황 검토」, 『백제문화』 46, 공주대학교 백제문화연구소, 2012.
윤근일, 「풍납토성 발굴과 그 의의」, 『風納土城(百濟王城) 硏究論文集』, 東洋考古學硏究所, 2000.
윤근일, 「풍납토성 발굴조사 성과와 그 의의」, 『중원문화연구』 4, 충북대학교 중원문화연구소, 2000.
이남규, 「풍납토성 발굴의 성과와 의미」, 『한국사시민강좌』 44, 일조각, 2009.
李道學, 「百濟蛇城의 位置에 대한 再檢討」, 『동아시아 문화연구』 17, 한양대학교 한국학연구소, 1990.
이동희, 「最近 硏究成果로 본 漢江·臨津江流域 積石塚의 性格」, 『한국사학보』 32, 고려사학회, 2008.
李丙燾, 「廣州風納里土城과 百濟時代의 蛇城」, 『震檀學報』 10, 震檀學會, 1939.
이성주, 「風納土城 土器遺物群의 年代와 百濟土器 漢城樣式의 成立」, 『湖南考古學報』 49, 湖南考古學會, 2015.
이성준·김명진·나혜림, 「풍납토성 축조연대의 고고과학적 연구: 2011년 동성벽 조사결과를 중심으로」, 『한국고고학보』 88, 한국고고학회, 2013.
이우형·정재희·정재웅, 「문화재보호구역내 공공기관과 지역주민과의 이해갈등 해소를 위한 협상론의 도입방안 연구」, 『한국도시설계학회지』 15–1, 한국도시설계학회, 2014.
이정범, 「감시권역 분석을 통해본 경기북부지역 보루의 사용주체와 기능」, 『고구려발해연구』 37, 고구려발해학회, 2010.
이주업, 「한성기 백제 평기와 제작기법 검토: 석촌동 4호분 출토 평기와를 중심으로」, 『고구려발해연구』 35, 고구려발해학회, 2009.
이종욱, 『삼국사기』에 나타난 초기 백제와 풍납토성」, 『서강인문논총』 12, 서강대학교 인문과학연구소, 2000.
이종욱, 「풍납토성과 『삼국사기』 초기 기록」, 『風納土城(百濟王城) 硏究論文集』, 東洋考古學硏究所, 2000.
이종욱, 「역사해방: 후식민사학을 넘어 본연의 역사 찾기」, 『서강인문논총』 20, 서강대학교 인문과학연구소, 2006.
이해주, 「漢城 百濟期 百濟人의 美意識 考察: 風納土城 出土 百濟土器를 中心으로」, 『文化史學』 21, 한국문화사학회, 2004.
이형구, 「서울 풍납동 백제왕성 발굴의 역사적 의의」, 『風納土城(百濟王城) 硏究論文集』, 東洋考古學硏究所, 2000.
이형구, 「풍납토성(백제왕성)에 관한 조사연구」, 『風納土城(百濟王城) 硏究論文集』, 東洋考古學硏究所, 2000.
이형구, 「서울 風納洞 百濟王城에 관한 硏究」, 『百濟論叢』 7, 百濟文化開發硏究所, 2003.
이형구, 「삼국사기 기록으로 본 한성백제의 도성」, 『한국의 고고학』 9, 주류성, 2008.
임설희, 「남한지역(南韓地域) 점토대토기(粘土帶土器)의 등장(登場)과 확장과정(擴張過程)」, 『湖南考古學報』 34, 호남고고학회, 2010.
임영진, 「적석총(積石塚)으로 본 백제(百濟) 건국집단(建國集團)의 남하과정(南下過程)」, 『先史와 古代』 19, 韓國古代學會, 2003.
임유진, 「풍납토성의 축조 비밀: 첨단 보강공법을 사용한 선조의 지혜」, 『한국토목섬유학회지』 2–3, 한국토목섬유학회, 2003.

1. 풍납토성

장병율·손태진, 「현대 도시공간에서 훼손된 토성의 건축화에 관한 연구: 풍납토성 '토성박물관' 계획안 중심으로」, 『대한건축학회지회연합회 학술발표대회논문집』 2011-1, 대한건축학회지회연합회, 2011.

정운영, 「흔적과 보존의 개념을 적용한 풍납토성 도시화 제안」, 『경기대학교 건축대학원 논문집』 11, 경기대학교 건축전문대학원, 2007.

鄭治泳, 「漢城期 百濟 기와 제작기술의 展開樣相 -풍납토성 경당지구 출토 기와를 중심으로-」, 『한국고고학보』 63, 한국고고학회, 2007.

鄭治泳, 「百濟 漢城期 瓦當의 形成과 系統」, 『한국상고사학보』 64, 한국상고사학회, 2009.

鄭治泳, 「漢城期 百濟 塼 初考」, 『百濟硏究』 49, 충남대학교 백제연구소, 2009.

정치영, 「百濟 漢城의 瓦當과 瓦葺景觀」, 『호서고고학』 23, 호서고고학회, 2010.

조강봉, 「성(城)을 소재로 한 지명 연구」, 『지명학』 12, 한국지명학회, 2006.

조강봉, 「'벌·벋'형 지명의 어원 연구」, 『지명학』 15, 한국지명학회, 2009.

조원창, 「몽촌토성 출토 전 백제와당의 제작주체 검토」, 『先史와 古代』 29, 한국고대학회, 2008.

조원창, 「百濟 木塔址 編年과 軸基部 築造技法에 관한 硏究」, 『건축역사연구』 17-4, 한국건축역사학회, 2008.

조유전, 「풍납토성벽 발굴조사 예보」, 『文化史學』 11·12·13, 한국문화사학회, 1999.

조유전, 「풍납토성 발굴조사, 그 회고와 전망」, 『한국의 고고학』 9, 주류성, 2008.

車勇杰, 「漢城時代 百濟의 建國과 漢江流域 百濟城郭」, 『百濟論叢』 4, 百濟文化開發硏究院, 1994.

崔孟植, 「百濟 및 統一新羅時代 기와文樣과 製作技法에 관한 硏究: 彌勒寺址 출토 기와를 中心으로」, 『湖南考古學報』 13, 호남고고학회, 2001.

崔孟植, 「風納土城 평기와에 관한 一考 -미래마을 1호 竪穴유적 출토기와를 중심으로-」, 『文化史學』 27, 한국문화사학회, 2007.

최맹식·홍형우·신종국, 「風納土城 197번지 일대 3차 발굴조사」, 『한국의 고고학』 2, 주류성출판사, 2006.

최몽룡, 「馬韓 -硏究現況과 課題」, 『馬韓, 百濟文化』 22, 원광대학교 마한백제문화연구소, 2013.

최완규, 「김제 벽골제와 백제 중방성」, 『湖南考古學報』 44, 호남고고학회, 2013.

崔仁善, 「광양 마로산성 출토 막새기와에 대한 고찰」, 『문화사학』 33, 한국문화사학회, 2010.

崔仁善, 「態津時期 百濟기와의 特徵과 成立過程: 연화문와당을 중심으로」, 『文化史學』 35, 한국문화사학회, 2011.

최선주, 「풍납토성 내부지역의 장기보존방향」, 『서울도시연구』 2-2, 서울시정개발연구원, 2001.

최현구·신지영·한지선, 「풍납토성 출토 동물뼈의 안정동위원소 분석을 통해 본 백제시대의 가축 사육 양상」, 한국분석과학회 학술대회, 2014.

하문식·백종오·오강석, 「儀旺 慕洛山城 出土 百濟土器類 檢討」, 『고고학』 3-2, 중부고고학회, 2004.

한왕모·김선미, 「한성백제시대의 유물을 활용한 문화상품용 써피스 패턴 디자인 연구」, 『한국디자인포럼』 37, 한국디자인트렌드학회, 2012.

한준영, 「百濟 漢城期의 城郭出土 土器 硏究」, 『先史와 古代』 18, 한국고대학회, 2003.

한지선, 「백제토기 성립기(成立期) 양상에 대한 재검토」, 『百濟硏究』 41, 충남대학교 백제연구소, 2005.

한지선, 「漢城百濟期 聚落과 土器遺物群의 變遷樣相: 서울·경기권 편년수립을 위하여」, 『중앙고고연구』 12, 중앙문화재연구원, 2013.

한지수, 「백제(百濟) 풍납토성(風納土城) 출토 시유도기(施釉陶器) 연구 -경당지구 196호 유구 출토품과 중국 자료와의 비교를 중심으로-」, 『百濟硏究』 51, 충남대학교 백제연구소, 2010.

• 비디오녹화자료

「역사스페셜: 풍납토성 지하 4미터의 비밀」, KBS Media, 2001.
「역사스페셜: 백제사 최대 미스터리 한성백제의 왕성은 어디인가?」, KBS Media, 2003.
「역사스페셜: 풍납토성, 백제사 최대의 미스테리를 푼다」, KBS Media, 2011.
「우리 문화유적을 찾아서: 반만년 역사속의 선조들의 숨결 [1], 서울편」, 한국신문방송인클럽, 2008.
「우리 문화유적을 찾아서: 반만년 역사속의 선조들의 숨결 [3], 서울편」, 한국신문방송인클럽, 2008.
「유물이 말하는 한국 고대사」, 교양과 행복, 2010.
「Korean History: Disc 2」, EBS 미디어센터, 2009.
「(YTN) 사이언스 플러스 4, 역사 속 과학」, YTN 비디오믹스, 2009.

• web book · ebook (전자자료)

「역사스페셜: 풍납토성 지하 4미터의 비밀」, KBS Media, 2001.
「역사스페셜: 백제사 최대 미스터리 한성백제의 왕성은 어디인가?」, KBS Media, 2003.
「역사스페셜: 풍납토성, 백제사 최대의 미스테리를 푼다」, KBS Media, 2011.
「우리 문화유적을 찾아서: 반만년 역사속의 선조들의 숨결 [1], 서울편」, 한국신문방송인클럽, 2008.
「우리 문화유적을 찾아서: 반만년 역사속의 선조들의 숨결 [3], 서울편」, 한국신문방송인클럽, 2008.
「유물이 말하는 한국 고대사」, 교양과 행복, 2010.
「Korean History: Disc 2」, EBS 미디어센터, 2009.
「(YTN) 사이언스 플러스 4, 역사 속 과학」, YTN 비디오믹스, 2009.

2. 몽촌토성

(1) 개인저서

강기옥, 『(강기옥의 역사기행)문화재로 포장된 역사』, 한누리미디어, 2012.

강찬석·이희진, 『잃어버린 백제 첫 도읍지』, 소나무, 2009.

김기섭, 『백제와 근초고왕』, 학연문화사, 2000.

김기섭, 『풍납토성과 몽촌토성』, 주니어김영사, 2010.

김병호, 『문화재와 더불어 살아온 길: 정년 퇴임 기념』, 미광출판사, 1997.

김병훈, 『山城 三國記』 상, 비엘프레스, 2012.

金永上, 『서울 六百年 5, 한강, 한강유역』,大學堂, 1996.

김우연, 『定都 서울 六百年, 제1권, 역사편』, 학술자원공사, 1993.

김원룡, 『韓國美術史硏究』, 一志社, 1987.

김태식, 『풍납토성, 500년 백제를 깨우다』, 김영사, 2001.

로드스꼴라 학생과 선생, 『백제의 길, 백제의 향기』, 호미, 2011.

박경룡, 『서울문화유적: 한국문화유산의 총체를 본다』 1, 수문출판사, 1997.

박순발, 『漢城百濟의 對外關係 결과보고서 -國家 成立期 對外交涉의 實狀과 意義』, 충남대학교, 2000.

朴淳發, 『漢城百濟의 誕生』, 서경문화사, 2001.

朴淳發, 『백제의 도성』, 충남대학교 출판부, 2010.

박종철·고재희, 『일본에서 느끼는 백제의 숨결』, 동부신문, 2005.

배한철, 『한국사 스크랩』, 서해문집, 2015.

백종오, 『남녘의 고구려 문화유산』, 서경문화사, 2006.

백종오·신영문, 『高句麗 遺蹟의 寶庫 京畿道』, 京畿道博物館, 2005.

손정목, 『서울 도시계획 이야기: 서울 격동의 50년과 나의 증언』, 한울, 2003.

신의기·박현호·이준우·장민선, 『범죄예방을 위한 환경설계의 제도화 방안(Ⅳ): 공원 및 문화재 관련시설 범죄예방을 중심으로 -문화재의 효율적 활용과 재난예방-』, 한국형사정책연구원, 2011.

엄기표, 『정말 거기에 백제가 있었을까』, 고래실, 2004.

俞禹植, 『漢江以南 高句麗 ·百濟의 바위遺蹟』, 서광學術資料사, 1994.

이경재, 『서울定都六百年』 1, 서울신문사, 1993.

이경재, 『한양이야기』, 가람기획, 2003.

이기오, 『한성백제의 위례성과 사성을 찾아서』, 퍼플, 2013.

이원창, 『취발이와 말뚝이』, 명솔출판, 2004.

이형구, 『한국 고대 문화의 기원』, 까치, 1991.

이형구, 『백제의 도성』, 주류성, 2004.

임석재, 『강남 일대와 부도심 서울, 건축의 도시를 걷다 2 -강남 일대와 부도심-』, 인물과사상사, 2010.

임영진, 『백제의 곰말 몽촌토성』, 송파문화원, 2001.

임효재, 『두더지 고고학』, 집문당, 2006.

장경호, 『韓國의 傳統建築』, 文藝出版社, 1996.

장경호, 『아름다운 백제 건축』, 주류성, 2004.

장인성, 『백제의 종교와 사회』, 서경문화사, 2001.

정재훈, 『문화의 산길 들길 : 우리문화유적 바로보기』, 화산문화, 1996.

정진해, 『한국성곽총람』 1, 포토CD출판정보원, 2012.

조원창, 『한국 고대와당과 제와술의 교류』, 서경문화사, 2010.

崔孟植, 『百濟 평기와 新研究』, 學研文化社, 1999.

최몽룡, 『韓國文化의 原流를 찾아서: 考古紀行』, 학연문화사, 1997.
최몽룡·심정보, 『百濟史의 理解』, 학연문학사, 1998.
최무장·박경룡·김윤종·김영창 , 『서울, 선사에서 한성백제까지』, 고인돌사랑회, 2009.
최종수, 『서울 역사 문화 탐방』, 역민사, 2009.
한종섭, 『위례성백제사』, 집문당, 1994.

(2) 기관 발행 도서

강동구청·한국고대학회, 『온조와 초기 백제』, 강동구청, 2003.
건설부, 『國土調査總覽』 第20號, 국토교통부, 1986.
경기개발연구원 편, 『경기지역 문화유산을 활용한 테마관광 활성화 기초 연구』, 경기개발연구원, 2004.
경기문화재단 기전문화재연구원·경기도, 『漢城百濟 考古資料集』, 경기도·경기문화재단 기전문화재연구원, 2005.
고구려 유적의 어제와 오늘 기획편집위원회 편, 『고구려 유적의 어제와 오늘』, 동북아역사재단, 2009.
국립나주문화재연구소 엮음, 『한국의 옹관묘 : 서울·경기도/강원도/제주도/북한 편』, 학연문화사, 2010.
국립문화재연구소, 『(사적의 보존·활용을 위한) 국내 조사자료집』, 2010.
국립부여문화재연구소, 『백제도성의 변천과 연구상의 문제점』, 서경, 2003.
국방군사연구소, 『韓國의 軍服飾 發達史(1) 古代 -獨立運動期』, 國防軍史研究所, 1997.
김순남·김인철·김광명·김정희·사회과학원 고고학연구소, 『백제의 성곽과 건축』, 진인진, 2009.
東國大學校 開校80周年紀念論叢編纂委員會 編, 『佛敎와 諸科學: 開校80周年紀念論叢』, 東國大學校 出版部, 1987.
동부신문 편집부, 『토박이가 들려주는 송파이야기』, 동부신문, 2005.
夢村土城發掘調査團 편, 『整備 復元을 위한 夢村土城發掘調査報告書』, 夢村土城發掘調査團, 1984.
夢村土城發掘調査團 편, 『夢村土城發掘調査報告』, 夢村土城發掘調査團, 1985.
문화부 문화재관리국 편, 『文化財大觀: 中蹟篇』, 文化部 文化財管理局, 1991.
문화재보존과학센터, 『문화재와 X선필름』 자료집 1, 2012.
文化財研究所 遺蹟調査研究室 編, 『문화유적 발굴도록』, 한국문화재보호재단, 1993.
문화재청, 『문화재청 50년사』 자료편: 1961-2011, 2011.
百濟文化開發研究院, 『서울 風納土城 [百濟 王城] 實測調査研究』, 百濟文化開發研究院, 1997.
서울대학교박물관 편, 『夢村土城: 東北地區發掘報告』, 서울특별시·서울大學校博物館, 1987.
서울대학교박물관 편, 『夢村土城; 東南地區發掘調査報告』, 서울大學校博物館, 1988.
서울대학교박물관 편, 『夢村土城: 西南地區發掘調査報告』, 서울大學校博物館, 1989.
서울대학교박물관 편, 『발굴유물도록』, 서울대학교박물관, 서울大學校博物館, 1997.
서울대학교박물관 편, 『고구려: 한강유역의 요새』, 통천문화사, 2000.
서울문화사학회 편, 『서울문화재 나들이』, 수서원, 2002.
서울역사박물관 편, 『풍납토성: 잃어버린 王都를 찾아서』, 서울역사박물관, 2002.
서울역사문화포럼, 『서울역사문화 답사안내』, 수서원, 2010-2011.
서울올림픽기념 국민체육진흥공단 편, 『몽촌토성 지피식생 원형보수 연구』, 1991.
서울올림픽記念 國民體育振興公團, 1991.
서울특별시사편찬위원회, 『서울特別市史: 古蹟篇』, 서울특별시사편찬위원회, 1963.
서울특별시사편찬위원회, 『서울六百年史(第7卷) 文化史蹟篇』, 서울특별시, 1987.
서울특별시사편찬위원회, 『서울의 성곽』, 서울특별시, 2004.
서울특별시사편찬위원회, 『漢城百濟史』 3, 서울특별시사편찬위원회, 2008.

2. 몽촌토성

서울특별시 문화국 문화재과 편, 『서울문화재』, 서울특별시, 2005.
서울특별시 문화국 편, 『(서울의) 고대 역사문화유산 활용방안: 아차산 일대 보루군을 중심으로』, 서울특별시 문화국, 2008.
서울특별시 지방문화재위원회 편, 『서울의 전통문화』 2, 서울특별시, 1986.
송파문화원 편, 『송파의 뿌리』, 송파문화, 1999.
주류성 편집부, 『한국의 고고학』 27, 주류성, 2014.
중앙문화재연구원 편, 『마한·백제의 분묘 문화』 1, 중앙문화재연구원, 2013.
최종택·서울대학교 박물관, 『서울大學校 博物館 所藏 漢江流域採集 百濟土器類』, 서울大學校 博物館, 1996.
한국고대사회연구소, 『한국고대사논총』 8, 가락국사적개발연구원, 1996.
한국대학박물관협회 편, 『대학박물관, 새로운 역사의 발견자』, (사)韓國大學博物館協會, 2005.
한국문화유산답사회, 『서울』, 돌베개, 2004.
한국문화재조사연구기관협회 편, 『한국 출토 외래유물: 초기철기~삼국시대』, 한국문화재조사연구기관협회, 2011.
韓國人文科學院編集部 編, 『百濟史 論文選集』, 韓國人文科學院, 2000.
호미 편집부, 『백제의 길, 백제의 향기 -서울에서 교토까지-』, 호미, 2011.
IDI유통정보연구원 편, 『서울특별시 역세권 상권입지분석과 상권세력도 연구보고서: 서초구·송파구·강동구』, 정보믹스, 1994.

(3) 논문

김연호, 「한국 전통지리 사상 연구」, 영남대학교 박사학위 논문, 2008.
김유식, 「신라 와당 연구」, 동국대학교 박사학위 논문, 2010.
김일규, 「백제 고고학 편년 연구」, 부산대학교 박사학위 논문, 2015.
박경복, 「韓·中·日 歷史文化景觀 比較를 통한 想像的 環境 復原: 設計適用: 相生之苑」, 고려대학교 박사학위 논문, 2006.
박상일, 「三國時期城郭研究」, 연변대학교 박사학위 논문, 1999.
박순발, 「百濟 國家의 形成 研究」, 서울대학교 박사학위 논문, 1998.
박천택, 「3~5세기 중부지방 옹관묘에 대한 고찰」, 숭실대학교 박사학위 논문, 2010.
서미영, 「百濟 服飾의 研究」, 충남대학교 박사학위 논문, 2004.
성주탁, 「百濟城址 研究: 都城址를 中心으로」, 동국대학교 박사학위 논문, 1985.
이원근, 「三國時代 城郭研究」, 단국대학교 박사학위 논문, 1980.
임영진, 「百濟漢城時代古墳研究」, 서울대학교 박사학위 논문, 1995.
정영식, 「가야 백제의 차문화 형성에 관한 연구」, 원광대학교 박사학위 논문, 2015.
정용조, 「동양 해자(垓字)의 역사와 문화적 고찰」, 고려대학교 박사학위 논문, 2011.
강아리, 「漢城百濟時代 大甕 가마 研究: 화성 청계리 大甕 가마를 중심으로」, 단국대학교 석사학위 논문, 2009.
강형웅, 「4世紀 漢城百濟의 關防體系 研究」, 단국대학교 석사학위 논문, 2007.
권지혁, 「GPS를 이용한 수치표고모델의 정확도 향상에 관한 연구: 성곽 문화재 디지털 3D 구현」, 경희대학교 석사학위 논문, 2003.
김기섭, 「百濟前期都城에 關한 一考察」, 한국학중앙연구원 석사학위 논문, 1988.
김도훈, 「百濟 漢城時期 城廓의 研究 -韓半島 中西部地方을 中心으로-」, 선문대학교 석사학위 논문, 2010.
김애경, 「고등학교 국사교육에서의 서울지역사 자료 활용방안: 百濟 漢城時期를 중심으로」, 중앙대학교 석사학위 논문, 2006.
김영섭, 「峨嵯山 高句麗 堡壘群의 재고찰」, 단국대학교 석사학위 논문, 2009.
김왕국, 「百濟 漢城期 物流體系 形成과 그 社會·經濟的 背景 研究: 京畿南部 地域 竪穴 倉庫(群)의 分析」, 용인대학교 석사학위 논문, 2013.
김인희, 「百濟 漢城期의 기와」, 숙명여자대학교 석사학위 논문, 2002.
김정아, 「漢城百濟期 王都의 건설과 확대 과정: 遷都(移都) 기사를 중심으로」, 서강대학교 석사학위 논문, 2010.
김지은, 「서울 올림픽 조각공원에 관한 문화사회학적 고찰」, 서울대학교 석사학위 논문, 2012.

김진홍, 「한성백제 후기 토기 연구: 경기지역 출토 심발형토기와 장란형토기를 중심으로」, 수원대학교 석사학위 논문, 2008.
김한성, 「남한지역 출토 고구려토기의 편년: 장동호와 옹을 중심으로」, 숭실대학교 석사학위 논문, 2014.
朴淳發, 「漢江流域 百濟土器의 變遷과 夢村土城의 性格에 對한 一考察: 夢村土城 出土品을 中心으로」, 서울대학교 석사학위 논문, 1989.
박종욱, 「246年 崎離營 戰鬪에 대한 再檢討」, 고려대학교 석사학위 논문, 2007.
성윤아, 「百濟 近肖古王代 漢山의 性格과 夢村土城」, 고려대학교 석사학위 논문, 2011.
성부근, 「夢村土城史蹟公園計劃」, 서울대학교 석사학위 논문, 1983.
손대정, 「판의 연속성에 의한 박물관 계획에 관한 연구: 올림픽 공원내 한성 백제 박물관」, 건국대학교 석사학위 논문, 2007.
신윤정, 「漢城百濟期 盒·洗類의 研究」, 성균관대학교 석사학위 논문, 2013.
신종국, 「백제토기의 형성과 변천과정에 대한 연구: 한성기 백제 주거유적 출토 토기를 중심으로」, 성균관대학교 석사학위 논문, 2003.
심광주, 「二聖山城에 대한 研究」, 한양대학교 석사학위 논문, 1988.
오강석, 「百濟 漢城期 城郭 研究」, 세종대학교 석사학위 논문, 2007.
유빙, 「한국과 중국의 현대조경설계에서 전통문화의 적용방법: 서울·북경 올림픽공원을 중심으로」, 배재대학교 석사학위 논문, 2011.
이강열, 「百濟馬具에 대한 檢討」, 공주대학교 석사학위 논문, 2001.
이건용, 「마한·백제권 통형기대 고찰」, 전남대학교 석사학위 논문, 2014.
이명엽, 「百濟土器의 成立과 發展過程에 나타난 中國 陶磁器의 影響」, 한신대학교 석사학위 논문, 2004.
이병훈, 「한성백제기 원형수혈의 기능에 관한 연구: 경기지역을 중심으로」, 인하대학교 석사학위 논문, 2010.
이병훈, 「原三國~漢城百濟期 中部地方 외줄구들의 變遷過程」, 숭실대학교 석사학위 논문, 2011.
이재설, 「이천 설성산성 수혈 주거지 연구」, 단국대학교 석사학위 논문, 2005.
이정범, 「경기북부지역 보루의 가시권역 분석 연구」, 고려대학교 석사학위 논문, 2010.
이주은, 「몽촌토성의 선형 조직 해석을 통한 복합 문화시설 계획안」, 한양대학교 석사학위 논문, 2009.
이혁희, 「漢城百濟期 土城의 築造技法」, 한신대학교 석사학위 논문, 2013.
이형호, 「南韓地域 出土 高句麗土器 研究」, 고려대학교 석사학위 논문, 2015
장미란, 「지형특성에 따른 토성의 공간구조 연구」, 서울시립대학교 석사학위 논문, 2013.
장세영, 「중학교 국사교육에서 지역사 자료 활용에 관한 연구: 강동·송파 지역을 중심으로」, 한양대학교 석사학위 논문, 2009.
장헌덕, 「익산 왕궁리유적의 금당복원 계획에 관한 연구」, 서울대학교 석사학위 논문, 1994.
전동현, 「漢城百濟期 炊事容器의 形成과 變遷」, 숭실대학교 석사학위 논문, 2011.
정수옥, 「風納土城 炊事用土器 研究: 製作技法과 使用痕의 分析」, 고려대학교 석사학위 논문, 2006.
정치영, 「한성기 백제 기와에 대한 연구」, 한신대학교 석사학위 논문, 2007.
정태은, 「삼국시대의 시루이용에 관한 시론: 한강유역 고구려·백제 주거지를 중심으로」, 성균관대학교 석사학위 논문, 2005.
조금자, 「三國時代 佛教文化財에 나타난 연꽃문양의 綜合的 研究」, 위덕대학교 석사학위 논문, 2008.
주정민, 「도시화에 따른 하천 경관의 변화 연구: 송파구 성내천을 중심으로」, 한국교원대학교 석사학위 논문, 2006.
최송훈, 「도시 호수공원 수변공간의 생태적 설계기법 연구」, 서울시립대학교 석사학위 논문, 2011.
최인창, 「삼국시대 중부지역의 주거시설연구: 주거시설의 구조분석을 중심으로」, 수원대학교 석사학위 논문, 2010.
태은정, 「漢江下流流域의 先史·古代 人間生活과 自然環境」, 경희대학교 석사학위 논문, 2000.
하진아, 「서울 漢江流域의 地域 形成過程」, 성신여자대학교 석사학위 논문, 1994.
한병길, 「中部地方 百濟土城의 築造技法」, 충북대학교 석사학위 논문, 2001.
한지선, 「토기를 통해서 본 백제 고대국가 형성과정 연구」, 중앙대학교 석사학위 논문, 2004.
홍동의, 「서울시 소속 역사계박물관의 역할 재정립 방안 연구」, 중앙대학교 석사학위 논문, 2015.
고용규, 「韓國南部地域 版築土城의 研究」, 『고문화』 58, 한국대학박물관협회, 2001.
權五榮, 「4세기 百濟의 地方統制方式 一例: 東晉青磁의 流入經緯를 中心으로」, 『韓國史論』 18, 서울대학교 인문대학 국사학과, 1988.

2. 몽촌토성

權五榮, 「渼沙里聚落과 夢村土城의 비교를 통해 본 漢城期 百濟社會의 斷面」, 『韓國古代史論叢』 8, 駕洛國史蹟開發研究院, 1996.

권오영, 「백제 전기 기와에 대한 신지견: 화성 화산고분군 채집 기와를 중심으로」, 『백제연구』 33, 충남대학교 백제연구소, 2001.

권오영, 「풍납토성 출토 외래유물에 대한 검토」, 『百濟研究』 36, 충남대학교 백제연구소, 2002.

權五榮, 「한성백제(漢城百濟)의 시간적(時間的) 상한(上限)과 하한(下限)」, 『百濟研究』 53, 충남대학교 백제연구소, 2011.

權五榮, 「백제 한성기의 도성과 지방도시」, 『고고학』 11-3, 중부고고학회, 2012.

권오영, 「서울 시내 백제유적의 보존과 활용방안」, 『고문화』 81, 한국대학박물관협회, 2013.

龜田修一, 「百濟 漢城時代의 기와와 성」, 『百濟論叢』 6, 百濟文化開發研究院, 1997.

김기섭, 「백제 한성시기의 도성제 성립과 몽촌토성」, 『百濟文化』 38, 공주대학교 백제문화연구소, 2008.

김기섭, 「백제 한성시기의 都城과 유적에 대한 해석: 풍납토성·몽촌토성을 중심으로」, 『백제논총』 8, 백제문화개발연구원, 2009.

김기섭, 「百濟王都 漢城의 구조와 防衛體系」, 『한국성곽학보』 26, 학국성곽학회, 2014.

金武重, 「百濟 漢城期 地域土器 編年: 京畿 西南部地域을 中心으로」, 『고고학』 3-1, 중부고고학회, 2004.

김병곤, 「臨津江 流域의 積石塚과 馬韓」, 『동국사학』 43, 동국사학회, 2007.

김병호·정형균·이용희, 「夢村土城出土 骨製 小札甲 保存處理」, 『보존과학연구』 7, 국립문화재연구소, 1986.

김성범·이성민, 「쉴드 TBM 터널 공사시 지반환경 영향성 검토: 몽촌토성 지하철 공사」, 『 한국공간구조학회 춘계학술발표논문집』, 한국공간구조학회, 2011.

金英媛, 「夢村土城出土의 青華白磁墓誌」, 『三佛金元龍敎授停年退任紀念論叢 2-美術史學·歷史學·人類 民俗學篇』, 일지사, 1987.

金龍國, 「夢村土城에 對하여」, 『鄕土서울』 39, 서울특별시사편찬위원회, 1981.

김일규, 「漢城期 百濟土器 編年再考」, 『先史와 古代』 27, 한국고대학회, 2007.

김일규, 「웅진기 백제양식 연대시론」, 『백제문화』 50, 공주대학교 백제문화연구소, 2014.

藤原隆夫, 「百濟 漢城時代 平瓦의 紹介」, 『百濟研究』 39, 충남대학교 백제연구소, 2004.

문동석, 「풍납토성 경당지구 발굴로 본 한성백제」, 『인문논총』, 서울여자대학교인문과, 2010.

문동석, 「한성백제(漢城百濟)의 차문화(茶文化)와 다확(茶確」, 『百濟研究』 56, 충남대학교 백제연구소, 2012.

민덕식, 「三國時代 以前의 城郭에 관한 試考」, 『한국상고사학보』 16, 한국상고사학회, 1994.

閔德植, 「『三國史記』 木柵關係 記事의 考察」, 『韓國上古史學報』 19, 韓國上古史學會, 1995.

閔德植, 「城郭遺蹟으로 본 百濟 前期都城 研究」, 『서울학연구』 9, 서울학연구소, 1998.

박보현, 「三足盤의 年代와 性格」, 『과기고고연구』 17, 아주대학교 박물관, 2011.

박순발, 「夢村土城 發掘調査概報」, 『한국고고학보』 23, 한국고고학회, 1989.

박순발, 「漢城百濟의 對外關係」, 『百濟研究』 30, 忠南大學校 百濟研究所, 1999.

박순발, 「漢城期 百濟 都城의 問題 -風納土城과 夢村土城의 築造 時期 比定을 중심으로-」, 『先史와 古代』 19, 韓國古代學會, 2003.

박순발, 「한성기(漢城期) 백제 대중교섭(對中交涉) 일례 -몽촌토성(夢村土城) 출토 금동과대금구 추고(追考)-」, 『호서고고학』 11, 호서고고학회, 2004.

박순발, 「漢城百濟 考古學의 研究 現況 點檢」, 『고고학』 3-1, 중부고고학회, 2004.

박순발, 「百濟 都城의 始末」, 『중앙고고연구』 13, 중앙문화재연구원, 2013.

박영순, 「우리 문화유산의 향기 73: 몽촌토성(夢村土城)」, 『국토: planning and policy』 293, 국토연구원, 2006.

박장식·이성준, 「鷄足山城 출토 철제 大刀제작에 적용된 기술체계 연구」, 『百濟研究』 37, 충남대학교 백제연구소, 2003.

박중균·최경숙·최진석·이혁희·강현정·최재도·신지향, 「서울 몽촌토성 서북지구 내성농장부지 유적」, 『중부고고학회 학술대회논문집』, 중부고고학회, 2014.

박천수, 「新羅 加耶古墳의 曆年代」, 『한국상고사학보』 69, 한국상고사학회, 2010.

方瑠梨, 「이천 설성산성 출토 백제 고배 연구」, 『文化史學』 27, 한국문화사학회, 2007.

서정석, 「위례성(慰禮城)과 한산(漢山)에 대하여」, 『白山學報』 95, 백산학회, 2013.

成周鐸, 「漢江流域 百濟初期 城址研究: 夢村土城·二聖山城 調査와 文獻과의 比較檢討」, 『百濟研究』 14,

충남대학교 백제연구소, 1983.
成周鐸, 「百濟都城築造의 發展過程에 對한 考察」, 『백제연구』 19, 충남대학교 백제연구소, 1988.
成周鐸, 「漢江流域 百濟 初期 城址 再齣 –夢村土城과 二聖山城의 發掘報告資料를 中心으로–」, 『인문학연구』 22–2, 충남대학교 인문과학연구소, 1995.
신희권, 「백제 한성시대 도성제도에 관한 일고찰 –兩宮城制度를 중심으로–」, 『향토서울』 76, 서울특별시사편찬위원회, 2010.
심광주, 「남한지역 고구려유적 출토 명문자료에 대한 검토」, 『목간과 문자』 4, 한국목간학회, 2009.
심광주, 「漢城百濟의 '烝土築城'에 대한 硏究」 76, 서울특별시사편찬위원회, 2010.
양시은, 「한강유역 출토 고구려토기의 제작기법 검토」, 『한국고고학보』 49, 한국고고학회, 2003.
양시은, 「고구려의 한강유역 지배방식에 대한 검토」, 『고고학』 9–1, 중부고고학회, 2011.
양시은, 「남한에서 확인되는 고구려의 시·공간적 정체성」, 『고고학』 10–2, 중부고고학회, 2010.
양시은, 「남한지역 출토 고구려 토기의 현황과 특징」, 『湖南考古學報』 46, 호남고고학회, 2014.
余昊奎, 「漢城時期 百濟의 都城制와 防禦體系」, 『百濟硏究』 36, 충남대학교 백제연구소, 2006.
吳康錫, 「百濟 漢城期 關防體系 檢討」, 『先史와 古代』 26, 한국고대학회, 2007.
우종서·이경재, 「造景配植에 있어 地被植生造成에 關한 硏究 –몽촌토성을 중심으로」, 『한국조경학회지』 40, 한국조경학회, 1991.
이기석, 「백제 몽촌토성의 입지특성에 대한 소고」, 『地理敎育論集』 19–1, 서울대학교 지리교육과, 1988.
이민식, 「고등학교 국사 교과서 분석 –백제사를 중심으로–」, 『韓國思想과 文化』 33, 한국사상문화학회, 2006.
李丙燾, 「廣州夢村土城址」, 『震檀學報』 11, 震檀學會, 1939.
이성민·김성범, 「쉴드 TBM 터널 공사시 지반환경 영향성 검토: 몽촌토성 지하철 공사」, 『한국구조물진단유지관리공학회지』 17–2, 2013.
이정범, 「감시권역 분석을 통해본 경기북부지역 보루의 사용주체와 기능」, 『고구려발해연구』 37, 고구려발해학회, 2010.
이정범, 「5~6세기 고구려의 한강유역 지배형태」, 『고구려발해연구』 51, 고구려발해학회, 2015.
임영진, 「百濟初期 副葬土器와 生活土器와의 關係」, 『한국상고사학보』 9, 한국상고사학회, 1992.
임영진, 「적석총(積石塚)으로 본 백제(百濟) 건국집단(建國集團)의 남하과정(南下過程)」, 『先史와 古代』 19, 韓國古代學會, 2003.
정영호, 「百濟初期遺蹟硏究에 대하여」, 『원광대학교 마한백제문화』 7, 원광대학교 마한·백제문화연구소, 1984.
정영호, 「京畿南部와 忠淸地域의 高句麗 城」, 『고구려발해연구』 8, 고구려발해학회, 1999.
정용조·심우경, 「동,서양 해자(垓字)의 역사와 문화적 해석」, 『한국전통조경학회지』 29–1, 한국전통조경학회, 2011.
정재훈, 「百濟의 造苑」, 『백제의 조각과 미술』, 공주대 박물관·충청남도, 1992.
정치영, 「百濟 漢城期 瓦當의 形成과 系統」, 『한국상고사학보』 64, 한국상고사학회, 2009.
정치영, 「漢城期 百濟 塼 初考」, 『百濟硏究』 49, 충남대학교 백제연구소, 2009.
정치영, 「백제(百濟) 한성(漢城)의 와당(瓦當)과 와즙경관(瓦葺景觀)」, 『호서고고학』 23, 호서고고학회, 2010.
조순철, 「백제 문화 발굴기」, 『밀물』 3, 한양대학교 반월캠퍼스, 1985.
조원창, 「몽촌토성 출토 전 백제와당의 제작주체 검토」, 『先史와 古代』 29, 한국고대학회, 2008.
趙現鍾, 「鳥形木製品과 農耕儀禮」, 『역사학연구』 19, 전남사학회, 2002.
車勇杰, 「漢城時代 百濟의 建國과 漢江流域 百濟城郭」, 『百濟論叢』 4, 百濟文化開發硏究院, 1994.
崔夢龍, 「夢村土城과 河南 慰禮城」, 『백제연구』 19, 충남대학교 백제연구소, 1988.
최운섭·서울대 박물관, 「몽촌 토성은 위례성의 主城」, 『廣場』 170, 세계평화교수협의회, 1987.
최몽룡, 「夢村土城과 河南慰禮城」, 『백제연구』 19, 충남대학교 백제연구소, 1988.
최병화, 「百濟山城 用水施設에 대한 檢討」, 『한국상고사학보』 69, 한국고대사학회 2010.
최영희, 「夢村 漢江邊 貝塚」, 『한국고고학보』 31, 한국고고학회, 1994.
崔仁善, 「광양 마로산성 출토 막새기와에 대한 고찰」, 『文化史學』 33, 한국문화사학회, 2010.
최종택, 「漢江流域 高句麗土器 硏究」, 『한국고고학보』 33, 1995.
최종택, 「고고학상으로 본 고구려의 한강유역진출과 백제」, 『백제연구』 28, 충남대학교 백제연구소, 1998.

2. 몽촌토성

崔鍾澤, 「夢村土城出土 鐵鏃 再考」, 『문화재』 33, 문화재관리국, 2000.
최종택, 「發掘 高句麗: 漢江流域의 高句麗 堡壘」, 『중원문화논총』 5, 충북대학교 중원문화연구소, 2001.
최종택, 「夢村土城 內 高句麗遺蹟 再考」, 『韓國史學報』 12, 高麗史學會, 2002.
崔鍾澤, 「고고자료를 통해 본 백제 웅진도읍기 한강유역 영유설 재고」, 『百濟研究』 47, 충남대학교 백제연구소, 2008.
최종택, 「남한지역 고구려유적 연구현황과 과제」, 『高句麗渤海研究』 50, 고구려발해학회, 2014.
한성백제박물관·한상현, 「몽촌토성에서 한성백제 왕도 성격 규명할 '도로유구' 확인: 한성백제박물관, 수레바퀴 자국 선명한 도로유구 2기 발견」, 『한국의 고고학』 27, 주류성출판사, 2014.
한준영, 「百濟 漢城期의 城郭出土 土器 研究」, 『先史와 古代』 18, 한국고대학회, 2003.
한지선, 「漢城百濟期 聚落과 土器遺物群의 變遷樣相: 서울·경기권 편년수립을 위하여」, 『중앙고고연구』 12, 중앙문화재연구원, 2013.
한지선·소재윤·신종국, 「한성지역 백제토기 분류 표준화 방안의 모색」, 『백제학보』 5, 백제학회, 2011.
黃龍渾, 「圓筒形土器 機能에 대한 考察; 夢村出土 土器를 中心으로」, 『三佛金元龍敎授停年退任紀念論叢 1 -考古學篇』, 일지사, 1987.
黃正煥, 「올림픽 公園의 意味 分析」, 『論文集』 4, 경주대학교, 1993.
白井克也, 「ソウル·夢村土城出土土器編年試案 -いわゆる百濟前期都城論に關連して-」, 『紀要』 11, 東京大學文學部考古學研究室, 1992.
Wei Zheng, 「On the Date of the Coin Pattern Pottery in Korea」, 『International Journal of Korean History』 18-1, 고려대학교 한국사연구소, 2013.

- 비디오자료

「백제의 고성: 몽촌토성」, KBS 영상사업단, 1997.
「우리 문화유적을 찾아서: 반만년 역사속의 선조들의 숨결, 서울편」, 한국신문방송인클럽, 2008.
「역사스페셜: 백제사 최대 미스터리 한성백제의 왕성은 어디인가?」, KBS Media, 2003.

- ebook

성순택, 『사라진 고대왕국, 500년 한성백제의 발자취를 따라서』, 퍼플, 2015.
정진해, 『내 고장문화유산 서울특별시편 5』, 포토CD출판정보원, 2011.
컬튠스토리, 『가자! 찬란한 백제 역사 속으로』, 2013.
컬튠스토리, 『사라진 권력 넘어 문화재로 남은 사연』, 유페이퍼, 2014.

3. 석촌동고분군

(1) 개인저서

강기옥, 『(강기옥의 역사기행)문화재로 포장된 역사』, 한누리미디어, 2012.

김광일, 『한국사 서울여행』, 어진교육, 2014.

김우연, 『定都 서울 六百年, 제1권, 역사편』, 학술자원공사, 1993.

김태식, 『풍납토성, 500년 백제를 깨우다』, 김영사, 2001.

로드스꼴라 학생과 선생, 『백제의 길, 백제의 향기』, 호미, 2011.

박경룡, 『서울문화유적: 한국문화유산의 총체를 본다』 1, 수문출판사, 1997.

박종철·고재희, 『일본에서 느끼는 백제의 숨결』, 동부신문, 2005.

박천수·마츠나가 요시에·김준식, 『동아시아 고분 역연대 자료집』, 학연문화사, 2011.

俞禹植, 『漢江以南 高句麗·百濟의 바위遺蹟』, 서광학술자료사, 1994.

이도학, 『(서울의 백제 고분) 석촌동고분』, 송파문화원, 2004.

이상배, 『송파의 역사와 문화유산』, 송파문화원, 2012.

이영훈·신광섭, 『고분미술』, 솔, 2004.

이원창, 『취발이와 말뚝이』, 명솔출판, 2004.

이형구, 『백제의 도성』, 주류성, 2004.

신상훈, 『위례성에서 서울까지』, 계명사, 1994.

정재훈, 『한국전통조경』, 조경, 2005.

조유전, 『백제고분 발굴 이야기』, 주류성, 2005.

최광식, 『백제의 신화와 제의』, 주류성, 2006.

최동군, 『나도 문화해설사가 될 수 있다: 능묘편』, 담디, 2014.

최동군, 『문화재 속 숨어있는 역사』, 담디, 2015.

崔孟植, 『百濟 평기와 新研究』, 學研文化社, 1999.

최무장·박경룡, 『서울, 선사에서 한성백제까지』, 고인돌사랑회, 2009.

최몽룡 편저, 『21세기의 한국고고학』 3, 주류성, 2010.

최종수, 『서울 역사 문화 탐방』, 역민사, 2009.

武末純一, 『土器からみた日韓交渉』, 東京: 学生社, 1991.

3. 석촌동고분군

(2) 기관 발행 도서

경기문화재단 기전문화재연구원·경기도, 『漢城百濟 考古資料集』, 경기도·경기문화재단 기전문화재연구원, 2005.
국립나주문화재연구소 엮음, 『한국의 옹관묘: 서울·경기도/강원도/제주도/북한 편』, 학연문화사, 2010.
국립문화재연구소, 『(사적의 보존·활용을 위한) 국내 조사자료집』, 2010.
동부신문 편집부, 『토박이가 들려주는 송파이야기』, 동부신문, 2005.
文化部 文化財管理局 편, 『文化財大觀: 中蹟篇』, 文化部 文化財管理局, 1991.
文化財研究所 遺蹟調査研究室 편, 『문화유적 발굴도록』, 한국문화재보호재단, 1993.
文化公報館 編, 『서울의 文化財』, 서울特別市, 1980.
문화재청, 『문화재청 50년사: 자료편: 1961-2011』, 2011.
사회과학원 고고학연구소, 『백제의 무덤과 유물』, 진인진, 2009.
서울大學校博物館 편, 『石村洞 積石塚 發掘調査報告』, 서울大學校博物館·서울대학교 고고학과, 1975.
서울大學校博物館 편, 『石村洞 3號墳(積石塚) 發掘調査報告書』, 서울大學校博物館, 1983.
서울대학교박물관 편, 『石村洞3號墳東쪽古墳群整理調査報告』, 서울大學校博物館, 1986.
서울大學校博物館 편, 『石村洞古墳群 發掘調査報告』, 서울특별시·석촌동발굴조사단, 1987.
서울大學校博物館 편, 『石村洞 1·2號墳』, 서울大學校博物館, 1989.
서울대학교박물관 편, 『考古人類學叢刊』 第6號-8號, 學研文化社, 1991.
서울대학교박물관 편, 『考古人類學叢刊』 第12號-15號, 學研文化社, 1991.
서울대학교박물관 편, 『발굴유물도록』, 서울대학교박물관, 1997.
서울대학교박물관 편, 『석촌동고분군』 1, 서울大學校博物館, 2013.
서울대학교박물관 편, 『석촌동고분군』 2, 서울大學校博物館, 2014.
서울대학교박물관·석촌동 유적발굴조사단, 『石村洞 3號墳(積石塚) 復元을 爲한 發掘報告書』, 서울大學校 博物館·石村洞 遺蹟發掘調査團, 1984.
서울문화사학회 편, 『서울문화재 나들이』, 수서원, 2002.
서울역사문화포럼, 『서울역사문화 답사안내』, 수서원, 2010-2011.
서울역사박물관 편, 『풍납토성: 잃어버린 王都를 찾아서』, 서울역사박물관, 2002.
서울특별시 문화국 문화재과 편, 『서울문화재』, 서울특별시, 2005.
서울特別市 石村洞古墳群發掘調査團 편, 『石村洞 古墳群 發掘調査報告』, 서울특별시 石村洞古墳群發掘調査團, 1987.
서울특별시사편찬위원회 편저, 『서울의 문화재』, 서울특별시, 2003.
이남석·공주대학교 박물관·충청남도 공주시, 『百濟古墳資料集』, 公州大學校 博物館·忠淸南道 公州市, 1995.
蠶室地區遺蹟發掘調査團 편, 『蠶室地區遺蹟發掘調査報告: 1976년도』, 蠶室地區遺蹟發掘調査團, 1976.
중앙문화재연구원 편, 『마한·백제의 분묘 문화』, 중앙문화재연구원, 2013.
최종택·서울대학교 박물관, 『서울大學校 博物館 所藏 漢江流域採集 百濟土器類』, 서울大學校 博物館, 1996.
한국대학박물관협회 편, 『대학박물관, 새로운 역사의 발견자』, (사)韓國大學博物館協會, 2005.
한국문화유산답사회, 『서울』, 돌베개, 2004.
한국문화재조사연구기관협회 편, 『한국 출토 외래유물: 초기철기~삼국시대』, 한국문화재조사연구기관협회, 2011.
『石村洞 積石塚 發掘調報告書』, 서울大學校 考古人類學 叢刊 第6號-8號, 學研文化社, 1991.

(3) 논문

이귀영, 「百濟 金屬工藝技術史 硏究」, 고려대학교 박사학위 논문, 2011.

임영진, 「百濟漢城時代古墳硏究」, 서울대학교 박사학위 논문, 1995.

심재연, 「嶺東·嶺西地域의 鐵器時代文化 硏究」, 한림대학교 박사학위 논문, 2012.

김유식, 「신라 와당 연구」, 동국대학교 박사학위 논문, 2010.

김정효, 「신라시대 와당에 나타난 초화문의 유형과 비례분석 연구」, 단국대학교 박사학위 논문, 2007.

김정옥, 「백제 장신구에 나타난 조형적 특징과 상징성에 관한 연구: 웅진시기를 중심으로」, 원광대학교 박사학위 논문, 2010.

이근직, 「新羅 王陵의 起源과 變遷」, 영남대학교 박사학위 논문, 2006.

김연호, 「한국 전통지리 사상 연구」, 영남대학교 박사학위 논문, 2008.

조가영, 「石村洞 古墳群 造成 硏究」, 서울대학교 석사학위 논문, 2012.

이주업, 「漢城期 百濟 평기와 制作技法에 관한 硏究: 石村洞 4號墳 出土 평기와를 中心으로」, 서울대학교 석사학위 논문, 2008.

이용희, 「우리나라 고대 칠기의 칠기법 연구: 초기철기시대부터 통일신라시대까지 발굴 칠기유물을 중심으로」, 공주대학교 석사학위 논문, 2010.

김인희, 「百濟 漢城期의 기와」, 숙명여자대학교 석사학위 논문, 2002.

이명엽, 「百濟土器의 成立과 發展過程에 나타난 中國 陶磁器의 影響」, 한신대학교 석사학위 논문, 2004.

정치영, 「한성기 백제 기와에 대한 연구」, 한신대학교 석사학위 논문, 2007.

이장웅, 「百濟 漢城期 王室의 變動과 建國神話의 變化 過程」, 고려대학교 석사학위 논문, 2006.

정순주, 「가야 고분의 입지와 경관 연구」, 경상대학교 석사학위 논문, 2012.

박종욱, 「246年 崎離營 戰鬪에 대한 再檢討」, 고려대학교 석사학위 논문, 2007.

송미정, 「대지의 역사적 내러티브 구축을 통한 잠실 올림픽 경기장 주변의 역사문화공원 조성방안」, 인하대학교 석사학위 논문, 2015.

강인구, 「百濟古墳의 硏究」, 서울대학교 석사학위 논문, 1975.

조규희, 「마한·백제권 철촉의 변천과정」, 전남대학교 석사학위 논문, 2013.

차윤환, 「원삼국후기~백제초기 한강 중·하류역의 묘제와 지역집단 연구」, 용인대학교 석사학위 논문, 2012.

박경훈, 「오픈에어뮤지엄(Open-Air Museum)방식을 적용한 유적 전시활용 연구: 안동시 서후면 저전리 청동기시대 유적을 중심으로」, 안동대학교 석사학위 논문, 2012.

박지은, 「百濟 平底壺 硏究」, 충남대학교 석사학위 논문, 2007.

박천택, 「3~5세기 중부지방 옹관묘에 대한 고찰」, 숭실대학교 석사학위 논문, 2010.

김기옥, 「백제시대 귀고리의 편년연구」, 한남대학교 석사학위 논문, 2007.

권기창, 「韓國的 石築 技法에 관한 고찰」, 고려대학교 석사학위 논문, 2005.

최행수, 「螺鈿漆器의 紋様 分析: 18·19世紀를 中心으로」, 경기대학교 석사학위 논문, 2004.

강인구, 「三國時代 前期 墳丘墓의 再檢討 (1): 漢江流域 方形土築墓의 경우」, 『金哲埈博士 華甲紀念 史學論叢』, 김철준박사 화갑기념 사학논총 간행준비위원회, 1984.

강인구, 「漢江流域 百濟古墳의 再檢討」, 『한국고고학보』 22, 한국고고학회, 1989.

강현숙, 「서울 지역 적석총에 대하여」, 『鄕土서울』 66, 서울特別市史編纂委員會, 2005.

권오영, 「4세기 百濟의 地方統制方式 一例 -東晋靑磁의 流入經緯를 中心으로-」, 『한국사론』 18, 서울대학교, 1988.

권오영, 「백제 전기 기와에 대한 신지견: 화성 화산고분군 채집 기와를 중심으로」, 『백제연구』 33, 충남대학교 백제연구소, 2001.

권오영, 「풍납토성 출토 외래유물에 대한 검토」, 『百濟硏究』 36, 충남대학교 백제연구소, 2002.

권오영, 「서울 시내 백제유적의 보존과 활용방안」, 『고문화』 81, 한국대학박물관협회, 2013.

김규운, 「가락동, 방이동고분군으로 본 백제 횡혈식석실의 성립」, 『先史와 古代』 40, 한국고대학회, 2014.

김기섭, 「백제의 건국 시기와 주체세력」, 『先史와 古代』 27, 한국고대학회, 2007.

金武重, 「百濟 漢城期 地域土器 編年: 京畿 西南部地域을 中心으로」, 『고고학』 3-1, 중부고고학회, 2004.

3. 석촌동고분군

김병곤, 「臨津江 流域의 積石塚과 馬韓」, 『동국사학』 43, 동국사학회, 2007.
김성남, 「中部地方 3~4世紀 古墳群 細部編年」, 『百濟研究』 33, 忠南大學校 百濟研究所, 2001.
金元龍, 「石村洞 發見 原三國時代의 家屋殘構」, 『미술사학연구(구 고고미술)』 113·114, 한국미술사학회, 1972.
金元龍, 「石村洞發見 原三國時代의 家屋殘溝」, 『서울대학교 論文集』 19, 서울대학교, 1974.
金元龍·李熙濬, 「서울 石村洞 3號墳의 年代」, 『斗溪李丙燾博士九旬紀念 한국사학론총』, 1987.
김일규, 「漢城期 百濟土器 編年再考」, 『先史와 古代』 27, 한국고대학회, 2007.
노중국, 「백제의 度量衡과 그 運用: 척도의 변화를 중심으로」, 『韓國古代史研究』 40, 한국고대사학회, 2005.
노중국, 「백제의 수취제 및 물자유통과 도량형 –척도의 변화를 중심으로–」, 계명대학교, 2005.
裵基同, 「石村洞四號墳옆 住居址出土 百濟土器類」, 『古文化』 20, 한국대학박물관협회, 1982.
朴淳發, 「漢城百濟 考古學의 研究 現況 點檢」, 『고고학』 3–1, 중부고고학회, 2004.
徐榮一, 「漢城百濟時代 石築山城의 築造 背景研究」, 『文化史學』 23, 2005.
成正鏞, 「百濟와 中國의 貿易陶磁」, 『百濟研究』 38, 충남대학교 백제연구소, 2003.
안승주, 「百濟古墳의 研究」, 『백제문화』 7·8, 공주대학교 백제문화연구소, 1975.
유기정, 「진천 삼룡리·산수리요 토기의 유통에 관한 연구」, 『숭실사학』 15·16, 숭실대학교사학회, 2002·2003.
유태용, 「城南 野塔洞 積石塚의 再檢討」, 『白山學報』 90, 백산학회, 2011.
유태용·박영재, 「百濟 積石塚의 分布와 性格에 대한 一考」, 『白山學報』 75, 백산학회, 2006.
이귀영, 「百濟 冠 象徵體系의 變遷樣相」, 『백제문화』 46, 공주대학교 백제문화연구소, 2012.
이남석, 「백제 적석총의 재인식 –석촌동 백제 고분군의 묘제 검토–」, 『先史와 古代』 39, 한국고대학회, 2013.
이도학, 「谷那鐵山과 百濟」, 『동아시아고대학』 25, 동아시아고대학회, 2011.
이동희, 「最近 研究成果로 본 漢江·臨津江流域 積石塚의 性格」, 『한국사학보』 32, 고려사학회, 2008.
이문형, 「한성기 백제 횡혈식석실묘의 특징과 성격 –한강유역의 서울·경기지역을 중심으로– 」, 『先史와 古代』 42, 한국고대학회, 2014.
이민식, 「고등학교 국사 교과서 분석 –백제사를 중심으로–」, 『韓國思想과 文化』 33, 한국사상문화학회, 2006.
이송란, 「백제 한성시기 금속공예의 투각 연속육각문의 수용과 전개」, 『백제문화』 47, 공주대학교 백제문화연구소, 2012.
이용희·서정호, 「高麗時代 以前 제작 된 出土 古代漆器의 漆 技法 研究」, 『文化史學』 33, 한국문화사학회, 2010.
이주업, 「한성기 백제 평기와 제작기법 검토 –석촌동 4호분 출토 평기와를 중심으로」, 『高句麗渤海研究』 35, 고구려발해학회, 2009.
이창엽, 「中西部地域 百濟漢城期 木棺墓 變化 –烏山 水淸洞遺蹟을 中心으로」, 『先史와 古代』 27, 한국고대학회, 2007.
이형구, 「漢江流域 百濟前期 首都遺蹟 保存問題」, 『정신문화연구』 21, 한국학중앙연구원, 1984.
이홍환, 「땅이름에 깃든 이야기(2): 서울 송파구 석촌동」, 『대한토목학회지』 43–2, 대한토목학회, 1995.
林永珍, 「石村洞一帶 積石塚系와 土壙墓系墓制의 性格」, 『三佛金元龍敎授停年退任紀念論叢』 1 –考古學篇, 삼불김원룡교수정년퇴임기념논총간행위원회, 一志社, 1987.
林永珍, 「서울石村洞出土 百濟漆器와 中國漆器와의 關係」, 『진단학보』 66, 진단학회, 1988.
林永珍, 「서울 石村洞 百濟土壙墓 出土 漆器」, 『美術史學研究』 179, 한국미술사학회, 1988.
임영진, 「百濟初期 副葬土器와 生活土器와의 關係」, 『한국상고사학보』 9, 한국상고사학회, 1992.
임영진, 「積石塚으로 본 百濟 建國集團의 南下過程」, 『先史와 古代』 19, 한국고대학회, 2003.
임영진, 「백제 한성기 묘제의 다양성과 그 의미」, 『고고학』 4–1, 중부고고학회, 2005.
林永珍, 「百濟式積石塚의 發生 背景과 意味」, 『한국상고사학보』 57, 한국상고사학회, 2007.
任孝宰, 「石村洞 百濟 初期古墳의 性格 –第五號墳과 破壞墳을 中心으로–」, 『美術史學研究』 129·130, 한국미술사학회, 1976.
잠실지구유적 발굴조사단 편, 「蠶室地區遺蹟 發掘調査報告」, 『한국고고학보』 4, 한국고고학회, 1978.
정상기, 「일제강점기 공주 송산리고분의 조사」, 『중앙고고연구』 10, 중앙문화재연구원, 2012.
정치영, 「漢城期 百濟 塼 初考」, 『百濟研究』 49, 충남대학교 백제연구소, 2009.

정치영, 「百濟 漢城期 瓦當의 形成과 系統」, 『한국상고사학보』 64, 한국상고사학회, 2009.
정치영, 「百濟 漢城의 瓦當과 瓦葺景觀」, 『호서고고학』 23, 호서고고학회, 2010.
조가영, 「석촌동 고분군의 축조 양상 검토 -고분 분포를 중심으로-」, 『한국상고사학보』 75, 한국상고사학회, 2012.
趙原昌, 「石村洞 葺石封土墳 出土 櫓形 木製品의 性格」, 『文化史學』 40, 한국문화사학회, 2013.
차용걸, 「신봉동 백제토광묘 출토 철제유물」, 『백제연구』 21, 충남대학교 백제연구소, 1990.
崔秉鉉, 「서울 江南地域 石室墳의 性格 -新羅 地方石室墳 硏究(1)-」, 『崇實史學』 10, 崇實大學校 史學會, 1997.
崔仁善, 「광양 마로산성 출토 막새기와에 대한 고찰」, 『文化史學』 33, 한국문화사학회, 2010.
崔仁善, 「態津時期 百濟기와의 特徵과 成立過程: 연화문와당을 중심으로」, 『文化史學』 35, 한국문화사학회, 2011.
평화문제연구소 편집부, 「석촌동 고분서 백제유물 수 백점 발굴」, 『통일한국』 33, 평화문제연구소, 1986.
韓濬伶, 「漢城百濟期 都城 周邊 地域 文化의 一 様相」, 『文化史學』 41, 한국문화사학회, 2014.
龜田修一, 「百濟漢城時代の瓦に關する覺書 -石村洞 4號墳出土例を中心として-」, 『尹武炳博士回甲紀念論叢』, 윤무병박사 회갑기념 논총 간행위원회, 1984.
龜田修一, 「百濟 漢城時代의 기와와 성」, 『百濟論叢』 69, 百濟文化開發硏究院, 1997.
金元龍, 「石村洞發見原三國時代の家屋殘構」, 『朝鮮考古學年報』 3, 1978.
藤原隆夫, 「百濟 漢城時代 平瓦의 紹介」, 『百濟硏究』 39, 충남대학교 백제연구소, 2004.
門田誠一, 「百濟前期における錢文瓦當の創出とその背景 -石村洞出土資料の再檢討-」, 『淸溪史學』 16·17, 韓國精神文化硏究院 淸溪史學會, 2002.

• 비디오자료

「우리 문화유적을 찾아서: 반만년 역사속의 선조들의 숨결 [3], 서울편」, 한국신문방송인클럽, 2008.

• ebook

정진해, 『내 고장문화유산 서울특별시편 5』, 포토CD출판정보원, 2011.
컬튼스토리, 『가자! 찬란한 백제 역사 속으로』, 2013.

4. 방이동고분군

(1) 개인저서

金永上, 『서울 六百年 5, 한강, 한강유역』, 大學堂, 1996.
김우연, 『定都 서울 六百年, 제1권, 역사편』, 학술자원공사, 1993.
박경룡, 『서울문화유적: 한국문화유산의 총체를 본다』 1, 수문출판사, 1997.
박종철·고재희, 『일본에서 느끼는 백제의 숨결』, 동부신문, 2005.
신상훈, 『위례성에서 서울까지』, 계명사, 1994.
이상배, 『송파의 역사와 문화유산』, 송파문화원, 2012.
이원창, 『취발이와 말뚝이』, 명솔출판, 2004.
이형구, 『백제의 도성』, 주류성, 2004.
조유전, 『백제고분 발굴 이야기』, 주류성, 2005.
최무장·박경룡, 『서울, 선사에서 한성백제까지』, 고인돌사랑회, 2009.
최동군, 『나도 문화해설사가 될 수 있다: 능묘편』, 담디, 2014.
최종수, 『서울 역사 문화 탐방』, 역민사, 2009.

(2) 기관 발행 도서

文化公報館 編, 『서울의 文化財』, 서울特別市, 1980.
문화부 문화재관리국 편, 『文化財大觀: 中蹟篇』, 文化部 文化財管理局, 1991.
사회과학원 고고학연구소, 『백제의 무덤과 유물』, 진인진, 2009.
서울문화사학회 편, 『서울문화재 나들이』, 수서원, 2002.
서울특별시사편찬위원회 편저, 『서울의 문화재』, 서울특별시, 2003.
서울특별시 지방문화재위원회 편, 『서울의 전통문화』 2, 서울특별시, 1986.
송파문화원 편, 『송파의 뿌리』, 송파문화, 1999.
이남석·공주대학교 박물관·충청남도 공주시, 『百濟古墳資料集』, 公州大學校 博物館·忠淸南道 公州市, 1995.
蠶室地區遺蹟發掘調査團 편, 『蠶室地區遺蹟發掘調査報告: 1975년도』, 蠶室地區遺蹟發掘調査團, 1975.
蠶室地區遺蹟發掘調査團 편, 『蠶室地區遺蹟發掘調査報告: 1976년도』, 1976.
한국문화유산답사회, 『서울』, 돌베개, 2004.

(3) 논문

유동현, 「백제 한성기 횡혈식 석실분의 변천 연구」, 한양대학교 석사학위 논문, 2013.

임영진, 「백제한성시대고분연구」, 서울대학교 박사학위 논문, 1995.

조가영, 「石村洞 古墳群 造成 硏究」, 서울대학교 석사학위 누뮤, 2012.

강인구, 「芳荑洞 1號·2號墳의 墳丘를 再論함」, 『孫寶基博士 停年紀念 考古人類學論叢』, 지식산업사, 1988.

김규운, 「가락동, 방이동고분군으로 본 백제 횡혈식석실의 성립」, 『先史와 古代』 40, 한국고대학회, 2014.

金秉模, 「芳荑洞 古墳群 –漢江邊 古墳들과의 比較–」, 『考古學』 4, 한국고고학회, 1977.

尹炯元, 「서울·京畿地域의 新羅墳墓와 出土遺物 」, 『고고학』 1–1, 중부고고학회, 2002.

이남석, 「漢城期 百濟 石室墳의 再認識」, 『진단학보』 103, 진단학회, 2007.

이남석, 「新羅土器出土 百濟 石室墓의 檢討」, 『白山學報』 97, 백산학회, 2013.

이도학, 「백제(百濟) 건국세력(建國勢力)의 계통(系統)과 한성기(漢城期) 묘제(墓制)」, 『백제학보』 10, 백제학회, 2013.

이문형, 「한성기 백제 횡혈식석실묘의 특징과 성격 –한강유역의 서울·경기지역을 중심으로–」, 『先史와 古代』 42, 한국고대학회, 2014.

이현숙, 「한성지역(漢城地域) 백제(百濟) 횡혈식석실묘(橫穴式石室墓) 연구(硏究) –서울 방이동,가락동 석실묘를 중심으로」, 『백제학보』 10, 백제학회, 2013.

잠실지구유적발굴조사단, 「蠶室地區遺蹟 發掘調査報告」, 『한국고고학보』 4, 한국고고학회, 1978.

조가영, 「석촌동 고분군의 축조 양상 검토 –고분 분포를 중심으로–」, 『한국상고사학보』 75, 한국상고사학회, 2012.

趙由典, 「芳荑洞 遺蹟 發掘報告」, 『문화재』 9, 문화재관리국, 1975.

崔秉鉉, 「서울 江南地域 石室墳의 性格 –新羅 地方石室墳 硏究(1)–」, 『崇實史學』 10, 崇實大學校 史學會, 1997.

홍보식, 「考古資料로 본 新羅의 漢江流域 支配 方式」, 『백제연구』 50, 충남대학교 백제연구소, 2009.

• ebook

김달수, 『일본속의 한국문화 유적을 찾아서』, 대원사, 2011.

성순택, 『사라진 고대왕국, 500년 한성백제의 발자취를 따라서』, 퍼플, 2015.

정진해, 『내 고장문화유산 서울특별시편 5』, 포토CD출판정보원, 2011.

컬툰스토리, 『가자! 찬란한 백제 역사 속으로』, 2013

5. 아차산성

(1) 개인저서

姜大旭, 『발길에 세월을 묻고』, 경인문화사, 1995.
강영수, 『(올바른 우리나라) 대고구려사』, 큰방, 2004.
강영수, 『(다시 배워야 할) 이야기 한국사』, 좋은글, 2001.
강찬석·이희진, 『잃어버린 백제 첫 도읍지』, 소나무, 2009.
김민수, 『阿且山城의 再發見과 簡考』, 金玟秀, 1990.
金玟秀, 『峨嵯山에서의 古代史의 諸問題』, 구리문화원, 1999.
김병훈, 『山城 三國記』, 비엘프레스, 2012.
김부식 지음·김영진 엮음 , 『삼국사기』, 매월당, 2011.
金永上, 『서울 六百年 5, 한강, 한강유역』, 大學堂, 1996.
金容喆 편, 『명장들의 일화』, 祐成, 1979.
김종식 엮음, 『(낱낱이 파헤친) 고구려 본기』, 보학당, 2007.
김찬영·김태훈, 『尙州 屛風山城: 精密地表調査報告書』, 慶尙北道文化財硏究院, 2006.
로드스꼴라 학생과 선생 지음, 『백제의 길, 백제의 향기』, 호미, 2011.
박기성, 『삼국사기의 산을 가다』, 책만드는집, 2011.
박응구, 『到彼岸에서 月羅까지』, 삼영사, 2000.
박종철·고재희, 『일본에서 느끼는 백제의 숨결』, 동부신문, 2005.
백종오, 『남녘의 고구려 문화유산』, 서경문화사, 2006.
백종오·신영문, 『高句麗 遺蹟의 寶庫 京畿道』, 京畿道博物館, 2005.
신정일, 『(신정일의 새로 쓰는) 택리지』 4, 다음생각, 2012.
엄기표, 『백제왕의 죽음』, 고래실, 2005.
유승률, 『고구려의 숨결 아차산』, 광진구, 2008.
윤종일, 『구리·남양주 문화유산기행』, 국학자료원, 2003.
이도학, 『한국고대사, 그 의문과 진실』, 김영사, 2001.
이덕일·김병기, 『산성으로 보는 5000년 한국사』, 예스위캔, 2012.
이영훈·신광섭, 『고분미술』 1, 솔, 2004.
임효재, 『두더지 고고학』, 집문당, 2006.
전성영, 『천리장성에 올라 고구려를 꿈꾼다』, 한길사, 2004.
정기용, 『역사 문화의 숨결』, 수서원, 2015.
차용걸 외, 『京畿道의 城廓』, 경기문화재단, 2003.
최종수, 『서울 역사 문화 탐방』, 역민사, 2009.
최진연, 『(역사의 흔적) 경기도 산성 여행』, 주류성, 2011.

(2) 기관 발행 도서

건국대학교 박물관 편, 『서울 廣津區 峨嵯山·龍馬山 地域 文化遺蹟地表調査報告書』, 건국대학교 박물관·광진문화원, 1998.
경기개발연구원 편, 『경기지역 문화유산을 활용한 테마관광 활성화 기초 연구』, 경기개발연구원, 2004. 경기도 박물관, 『高句麗 遺蹟의 寶庫 京畿道』, 2005.
〈고구려 유적의 어제와 오늘〉 기획편집위원회 편, 『고구려 유적의 어제와 오늘』 2, 동북아역사재단, 2009.
고려대학교 고고환경연구소, 『峨嵯山 第3堡壘 -1次 發掘調査報告書-』, 고려대학교 고고환경연구소·구리시, 2007.
고려대학교 고고환경연구소, 『紅蓮峰 第1堡壘 -發掘調査綜合報告書-』, 고려대학교 고고환경연구소·서울특별시, 2007.

廣州文化事業協會設立準備委員會 편,『(百濟舊都)南漢秘史』, 白鹿社, 1956.
광진문화원 편,『아차산성』, 광진구 · 광진문화원, 2014.
九里文化院 編,『漢江流域에서의 三國史의 諸問題』, 구리문화원, 1994.
구리시 편,『九里市誌 上: 역사와 문화유산』, 구리시, 1996.
구리시 편,『구리의 역사와 문화』, 구리시, 1996.
구리시 · 구리문화원,『구리문화재대관』, 구리문화원, 1998.
명지대학교 부설 한국건축문화연구소 편,『아차산성: 기초 학술조사보고서』, 광진구청, 1998.
명지대학교 부설 한국건축문화연구소 편,『아차산성: '96보수구간내 실측 및 수습발굴 조사보고서』, 명지대학교 · 광진구, 1998.
文化公報館 編,『서울의 文化財』, 서울特別市, 1980.
文化公報部 文化財管理局 편,『文化財大觀: 史跡篇』, 文化公報部 文化財管理局, 1976.
문화재청 사적과 편,『국가지정 문화재 지정보고서: 史蹟篇』I, 문화재청 사적과, 2008.
文化財廳 편,『文化財大觀: 史蹟篇』下, 文化財廳, 1999.
文化體育部 편,『전국문화원문헌총람』, 文化體育部, 1997.
百濟文化開發硏究院,『서울 風納土城 [百濟 王城] 實測調査研究』, 百濟文化開發研究院, 1997.
서울대학교박물관 편,『九里市의 歷史와 文化 -地表調査報告書-』, 서울대학교박물관 · 서울대학교인문학연구소 · 구리시 · 구리문화원, 2000.
서울대학교박물관 편,『아차산 제4보루 발굴조사 종합보고서』, 서울대학교박물관 · 서울대학교인문학연구소 · 구리시 · 구리문화원, 2000.
서울대학교박물관 편,『아차산성: 시굴조사보고서』, 서울시광진구 · 서울대학교인문학연구소 · 서울대학교박물관, 2000.
서울대학교박물관 · 서울대학교인문학연구소 편,『峨嵯山 시루봉 堡壘 -發掘調査 綜合報告書-』, 2002.
서울대학교박물관 · 서울대학교인문학연구소 · 구리시 · 구리문화원, 2002.
서울문화사학회 편,『서울문화재 나들이』, 수서원, 2002.
서울역사박물관 편,『풍납토성: 잃어버린 王都를 찾아서』, 서울역사박물관, 2002.
서울특별시사편찬위원회 편,『서울의 성곽』, 서울특별시, 2004.
서울특별시사편찬위원회 편저,『서울의 문화재』, 서울특별시, 2003.
서울특별시 문화국 문화재과 편,『서울문화재』, 서울특별시, 2005.
서울특별시 지방문화재위원회 편,『서울의 전통문화』2, 서울특별시, 1986.
송파문화원 편,『漢城百濟의 歷史와 文化』, 송파문화원, 1995.
한국대학박물관협회 편,『대학박물관, 새로운 역사의 발견자』, (사)韓國大學博物館協會, 2005.
한국문화유산답사회,『서울』, 돌베개, 2004.
한국방송공사 역사스페셜,『역사스페셜: 숨겨지고 잃어버린 역사 새로 읽기』1, 효형출판, 2008.
한국보이스카우트연맹 편,『韓國의 城郭과 烽燧』, 한국보이스카우트연맹, 1989.
호미 편집부,『백제의 길, 백제의 향기』, 호미, 2011.
KBS역사스페셜 · 정종목,『역사스페셜』1, 효형출판, 2000.

5. 아차산성

(3) 논문

김기섭, 「百濟前期都城에 關한 一考察」, 한국학중앙연구원 석사학위 논문, 1988.

김유식, 「신라 와당 연구」, 동국대학교 박사학위 논문, 2010.

성주탁, 「百濟城址 硏究: 都城址를 中心으로」, 동국대학교 박사학위 논문, 1985.

양시은, 「高句麗 城 硏究」, 서울대학교 박사학위 논문, 2013.

이원근, 「三國時代 城郭硏究」, 단국대학교 박사학위 논문, 1980.

황보경, 「考古學的으로 본 漢江流域 新羅文化의 成立과 發展 硏究」, 세종대학교 박사학위 논문, 2007.

강진주, 「漢江流域 新羅土器에 대한 考察」, 단국대학교 석사학위 논문, 2006.

강형웅, 「4世紀 漢城百濟의 關防體系 硏究」, 단국대학교 석사학위 논문, 2007.

구자린, 「統一新羅 臺附盌의 型式分類와 變遷: 서울·京畿地域을 中心으로」, 한신대학교 석사학위 논문, 2009.

김경복, 「古墳壁畵에 나타난 고구려인의 食生活」, 고려대학교 석사학위 논문, 2006.

김남환, 「팔림프세스트(Palimpsest)의 유추를 통해서 본 역사적 대지에 대한 건축적 개입에 관한 연구: 청계천 및 아차산성의 건축적 개입을 바탕으로」, 인하대학교 석사학위 논문, 2004.

김세현, 「환경교육의 장으로서 문화유적지 활용」, 이화여자대학교 석사학위 논문, 2004.

김영, 「경기지역 산성의 백제초축설 재고」, 고려대학교 석사학위 논문, 2010.

김윤아, 「古代 山城의 集水施設에 대한 硏究」, 한양대학교 석사학위 논문, 2007.

김한성, 「남한지역 출토 고구려토기의 편년: 장동호와 옹을 중심으로」, 숭실대학교 석사학위 논문, 2014.

선주용, 「현대 도시에서의 뮤지엄 건축의 패러다임 분석에 관한 연구: 신뮤지올로지의 이론적 고찰과 대상으로서의 도시접근을 통한 뮤지엄 디자인을 중심으로」, 인하대학교 석사학위 논문, 2005.

송윤정, 「統一新羅 鐵製 農·工具의 特性과 發展樣相: 生活遺蹟을 中心으로」, 한신대학교 석사학위 논문, 2007.

심수정, 「二聖山成 出土 新羅土器 硏究」, 한양대학교 석사학위 논문, 2012.

오강석, 「百濟 漢城期 城郭 硏究」, 세종대학교 석사학위 논문, 2007.

윤선영, 「古代山城의 門址에 대한 硏究」, 한양대학교 석사학위 논문, 2005.

이상수, 「한국 건조물 문화재 보존을 위한 면진기법에 관한 기초연구」, 단국대학교 석사학위 논문, 2007.

이형호, 「南韓地域 出土 高句麗土器 硏究」, 고려대학교 석사학위 논문, 2015.

진찬호, 「서울·경기지역 산성의 입지 및 축성특성에 관한 연구」, 대진대학교 석사학위 논문, 2013.

하진아, 「서울 漢江流域의 地域 形成過程」, 성신여자대학교 석사학위 논문, 1994.

김기섭, 「백제 한성도읍기의 도성체계와 아차산성」, 『사총』 81, 고려대학교 역사연구소, 2014.

金玟秀·金洸·閔德植, 「서울 城東 峨嵯山城 일대의 城郭遺蹟 踏査記」, 『白山學報』 44, 백산학회, 1994.

김영관, 「三國爭覇期 阿旦城의 위치와 영유권」, 『고구려발해연구』 5, 고구려발해학회, 1998.

閔德植, 「百濟 阿旦城硏究: 百濟初期 都城硏究를 위한 일환으로」, 『韓國上古史學報』 17, 韓國上古史學會, 1994.

閔德植, 「城郭遺蹟으로 본 百濟 前期都城 硏究」, 『서울학연구』 9, 서울시립대학교 서울학연구소, 1998.

閔德植, 「高句麗城郭의 發掘調査 現況과 展望」, 『白山學報』 72, 백산학회, 2005.

박영순, 「우리 문화유산의 향기 72: 아차산성(阿且山城)」, 『국토: planning and policy』 292, 국토연구원, 2006.

박장식·이성준, 「鷄足山城 출토 철제 大刀제작에 적용된 기술체계 연구」, 『百濟硏究』 37, 충남대학교 백제연구소, 2003.

박중균, 「南韓地域 高句麗遺蹟 出土 鐵鏃에 대한 檢討: 矛鋒形鐵鏃과 鑿頭形鐵鏃을 중심으로 」, 『中原文化財硏究』 1, 중원문화재연구원, 2005.

方東仁, 「風納里土城의 歷史地理的 檢討」, 『白山學報』 16, 백산학회, 1974.

서봉수, 「평기와 '내림면'의 屬性과 時代的 特性: 抱川 半月山城과 서울 峨嵯山城 出土 기와를 中心으로」, 『박물관지』 11, 충청대학박물관, 2002.

서영일, 「아차산성 주변의 고대 성곽과 교통로」, 『사총』 81, 고려대학교 역사연구소, 2014.

성주탁, 「한강유역 백제초기 성지연구: 몽촌토성·이성산성 조사와 문헌과의 비교검토」, 『백제연구』 14, 충남대학교 백제연구소, 1983.
吳康錫, 「百濟 漢城期 關防體系 檢討」, 『先史와 古代』 26, 한국고대학회 26, 2007.
이기봉, 「고려시대 양주의 읍치 이동에 관한 연구」, 『문화 역사 지리』 23-3, 韓國文化歷史地理學會, 2011.
李道學, 「溫達의 南下經路와 戰死處 阿旦城 檢證」, 『동아시아고대학』 32, 동아시아고대학회, 2013.
李道學, 「阿旦城 所在地와 溫達城 初築國에 관한 論議」, 『韓國古代史探究』 18, 한국고대사탐구학회, 2014.
임기환, 「고구려·신라의 한강 유역 경영과 서울」, 『서울학연구』 18, 서울시립대학교 서울학연구소, 2002.
任孝宰·尹相惪, 「峨嵯山城의 築造年代에 대하여」, 『淸溪史學』 16·17, 한국학중앙연구원, 2002.
장창은, 「6세기 후반~7세기 초반 高句麗의 南進과 對新羅 領域向方」, 『민족문화논총』 55, 영남대학교 민족문화연구소, 2013.
장창은, 「아차산성을 둘러싼 삼국의 영역 변천」, 『사총』 81, 고려대학교 역사연구소, 2014.
채현석, 「한강 본류역의 유적층위 형성과정 연구: 미사리·암사동·풍납동 유적을 중심으로」, 세종대학교 박사학위 논문, 2009.
최종택, 「아차산성에 대한 고고학적 조사 성과와 과제」, 『사총』 81, 고려대학교 역사연구소, 2014.
황보경, 「한강유역 신라 성곽의 특징과 성격」, 『한민족연구』 6, 한민족학회, 2008.황보경, 「중부지방 신라 유적의 연구 및 조사현황과 성격 고찰 –서울 · 경기 · 강원지역을 중심으로」, 『文化史學』 36, 한국문화사학회, 2011.
황보경, 「603년 北漢山城 전투 고찰」, 『韓國史學報』 58, 고려사학회, 2015.
박상일, 「三國時期城郭研究」, Thesis(doctoral), 延邊大學, 1999.

• 비디오녹화자료

「고구려군, 아차산 최후의 날」, KBS영상사업단·Crezio, 2001.
「살아있는책 라이브북: 서울편」, Taemix, 2012.
「역사스페셜: 아차산성」, KBS영상사업단, 1998
「우리 문화유적을 찾아서: 반만년 역사속의 선조들의 숨결 [1], 서울편」, 한국신문방송인클럽, 2008.
「우리 문화유적을 찾아서: 반만년 역사속의 선조들의 숨결 [3], 서울편」, 한국신문방송인클럽, 2008.
「Korean History: Disc 2」, EBS 미디어센터, 2009.

• ebook

성순택, 『사라진 고대왕국, 500년 한성백제의 발자취를 따라서』, 퍼플, 2015.

6. 삼성동토성

(1) 개인저서

최무장·박경룡,『서울, 선사에서 한성백제까지』, 고인돌사랑회, 2009.

(2) 기관 발행 도서

百濟文化開發研究院,『서울 風納土城 [百濟 王城] 實測調査研究』, 百濟文化開發研究院, 1997.
서울특별시사편찬위원회 편저,『서울의 성곽』, 서울특별시, 2004.
한국보이스카우트연맹 편,『韓國의 城郭과 烽燧』上, 한국보이스카우트연맹, 1989.

(3) 논문

성주탁,「百濟城址 研究: 都城址를 中心으로」, 동국대학교 박사학위 논문, 1985.
김기섭,「百濟前期都城에 關한 一考察」, 한국학중앙연구원 석사학위 논문, 1988.
강형웅,「4世紀 漢城百濟의 關防體系 研究」, 단국대학교 석사학위 논문, 2007.
민덕식,「서울 三成洞土城에 대한 연구」,『향토서울』85, 서울특별시 시사편찬위원회, 2013.
朴容塡,「서울 三成洞出土 古瓦」,『考古美術』129·130, 한국미술사학회, 1976.
성주탁,「한강유역 백제초기 성지연구: 몽촌토성·이성산성 조사와 문헌과의 비교검토」,『백제연구』14, 충남대학교 백제연구소, 1983.
吳康錫,「百濟 漢城期 關防體系 檢討」,『先史와 古代』26, 한국고대학회, 2007.
李道學,「百濟 蛇城의 位置에 대한 再檢討」,『동아시아 문화연구』17, 漢陽大學校 韓國學研究所, 1990.

- ebook(전자자료)

성순택,『사라진 고대왕국, 500년 한성백제의 발자취를 따라서』, 퍼플, 2015.

한성백제박물관
SEOUL BAEKJE MUSEUM

발행인 이인숙(한성백제박물관 관장)
발행일 2016. 12. 26.
발행처 한성백제박물관
서울특별시 송파구 위례성대로 71
T. 02-2152-5800
http://baekjemuseum.seoul.go.kr

간행물발간등록번호 51-6113103-000032-01
ISBN 979-11-86012-26-0
제작 한성백제박물관